Schlaflos in Paderborn

Charlotte Prang

Schlaflos in Paderborn

Geschichten aus 1 002 Nächten

Quelle „Erlkönig" (S. 167-175): Johann Wolfgang von Goethe: Goethes Werke, Bd. 1, Gütersloh o.J. [vor 1782], S. 104, online: ttps://de.wikisource.org/wiki/Erlk%C3%B6nig Gemeinfrei. Sollten unbeabsichtigt Rechte verletzt worden sein, bitten wir um Nachricht.

Alle Namen von natürlichen Personen wurden geändert.

1. Auflage Salzkotten 2016

© Charlotte Prang
© Bilder: Inge Thöne und Beate Köhler
Ein Projekt im Eire Verlag, Salzkotten

Realisation: PD Dr. Mareike Menne (www.eire-verlag.de) unter Mitarbeit von Isabell Steinbach
Umschlaggestaltung:
Karen Kliewe, Beckum (www.werbemenue.com)
Druck: Frick Kreativbüro & Onlinedruckerei e.K., Krumbach
Gesetzt aus der Stempel Garamond und der Optima Nova
Alle Rechte vorbehalten.
Ohne ausdrückliche Genehmigung der Rechteinhaber ist es nicht gestattet, das Buch oder Teile daraus auf fototechnischem oder elektronischem Weg zu vervielfältigen.

ISBN 978-3-943380-51-4

Inhalt

Vorwort 9

Nächte mit Schalk

Currywurst mit Politur 13
„Britt deckt auf!" 21
Lilo Wanders klärt auf 30
Das Münchhausensyndrom 40
Das Wunder einer Kur 45
Wenn einer eine Reise tut 51
Das Geburtstagsgeschenk 55
Morgens um 6 ist die Welt nicht in Ordnung 58
Schuhe für den Kleinen Muck 63
Eine literarische Toilette 68
Man glaubt es kaum 71
Junge Eltern untereinander 76
Pferderennen auf Libori! 81

Nächte mit Alb

Die Entscheidung 89
„Das ist mein Leben" 92
Der Schatten des Lebens 96
Die unscheinbare kleine Schwester 99

Nächte mit Zeitreisen

Die „Russische Nähmaschine".................107
Der Krieg frisst die Courage...................121
Grenzerfahrungen.....................................125
Wenn Neugierde stinkt............................130
Ein toller Jahrgang....................................135
Eine kolossale Zugfahrt............................139

Nächte mit Kinderstimmen

Ein Osterhase in Nöten............................147
Erlkönigs Reich...150
Hänsel und Gretel auf dem Mond..........158
Ein Verhältnis mit der Zahnfee?.............162

Nächte mit Moral

Der „getürkte" Lottogewinn...................167
Ein Geschenk Gottes................................171
Der Alptraum einer Autofahrerin..........177
Reden ist Gold..181

Nächte mit Kunst

Die Musik des Waldes.............................193
Ein Kunstbanause mit Kunstverstand...196
Die weißen Seiten der Kunst..................200
Ein armer Poet im Schloss......................206

Die Eleganz der Fassade 211
Kultur pur 222

Nächte mit Lyrik
Wenn Elefanten reisen 231
Mein Leben 233
Der Engel 234
Ein eiskalter Mann 235

Nächte wie im Märchen
Der Märchenprinz..239
Eine unendliche Liebe...242
Hochzeitsfahrt im Regen 247
Die Frau der Ringe..250
Eine persönliche Stadtgeschichte....................................254

Vorwort

Rainer Maria Rilke hat in einem seiner „Briefe an einen jungen Dichter" einmal gefragt, ob es dem Adressaten ein Bedürfnis sei, sich mitzuteilen: „Muss ich schreiben?"
Diese Kernfrage wird von vielen Menschen sicher bejaht, doch ein Großteil wird antworten: Die Freude am Schreiben, am Formulieren und Fabulieren ist meine Motivation. Doch das ist für eine wahre Berufung nicht genug. Man muss mit Leidenschaft bei der Sache sein, manchmal auch mit der schmerzlichen Erkenntnis, nur für die Schreibtischschublade gearbeitet zu haben.
Schreiben ist für Charlotte Prang ein Bedürfnis und auch Lebenselixier. Ihr Beruf hat es mit sich gebracht, dass sie ihr vielseitiges Wissen, ihre Ratschläge und Empfehlungen in Fachartikeln einer kompetenten Öffentlichkeit zur Verfügung stellte. Doch darüber hinaus war es ihr stets ein Herzensanliegen, ihrer erlebten, geschauten und erfahrenen Welt eine literarische Form zu geben. Das geschieht hier in den Erzählungen dieses Bandes. Der Pflicht des berufsbedingten Textens setzt sie an dieser Stelle die Kür der freien, phantasiereichen Wortwahl und -gestaltung entgegen. So entsteht eine Spannung, die den Reiz der Geschichten ausmacht. Ihre thematische Vielseitigkeit garantiert ein echtes Lesevergnügen. Kleine, unscheinbare Erlebnisse erscheinen hier in einem Licht, das eine neue Betrachtungsweise einfordert. Zudem gewinnen ernste und heitere Ereignisse Raum, die durch die Sprache erst ihre Gewichtigkeit erfahren. Manche Texte sind ernster Natur, andere heiter, wieder andere nicht ohne Selbstironie und satirischen Beigeschmack. So entstand mit diesem Buch ein Kaleidoskop wohlüberlegter textlicher Vielfalt.

Zwar macht Charlotte Prang von dem, was sie schreibt, kein Aufhebens. Ihre Position ist der bescheidene Hintergrund. Doch es wird Zeit, ihr mit dieser Publikation einen verdienten Platz in der Welt des Lesens zuzuweisen.

Hermann Multhaupt

Nächte mit Schalk

Currywurst mit Politur

„Wann habt ihr euer Libori doch gleich?", so die lapidare Frage meines Schwagers Harald in jedem Sommer wieder. Dieses Mal lächelte ich nur amüsiert, schwieg und warf ihm einen kurzen Blick zu. Er fühlte sich ertappt, räusperte sich, nestelte an seinem Hemdkragen herum und reiste ein paar Tage später pünktlich an.

„Ihr seid schon ein komisches Völkchen – ihr Paddabörner. Bloß, weil sich ein Pfau vor ein paar Jahrhunderten auf euren *Berch* verirrte und sich dort hinhockte, herrscht bei euch heutzutage Ende Juli immer der Ausnahmezustand!", spöttelte er ein wenig provozierend.

„Und weil der Pfau einen Heiligen im Gefolge hatte, war der Name des Festes auch schon klar – Libori –, wie einfallsreich."

„Ja, der Liborius, Bischof von Le Mans, wurde von dem Pfau hier auf unseren *Berch* geführt, du hast es richtig erkannt. Nun gehören Pfau, Liborius, Libori und Paderborn zusammen."

„Und dies ist ein willkommener – natürlich rein christlicher – Grund für die Kirchenleut aus aller Welt, kräftig mitzufeiern."

„Du brauchst gar nicht so sarkastisch werden, ohne diesen Pfau wärest du heute auch nicht hier. Außerdem hattest du auch immer viel Spaß auf Libori! Und jetzt ab zum Bus – und auf nach Libori, wie die Paddaboaner sagen", forderte ich die Gesellschaft auf. „Bin gespannt, was wir in diesem Sommer so unbedingt für unsere Haushalte auf dem Pottmarkt kaufen müssen!"

„Ein Hobel war es im letzten Jahr, eine Pfanne im Jahr davor und geniale Putztücher vor drei Jahren", erinnerte sich mein Schwager.

„Eine Fleckenpaste kauften wir auch schon, und irgendwann haben auch wir Bratpfannen nach Hause geschleppt!", ergänzte meine Schwester.

„Ganz abgesehen von einigen Kleinigkeiten sowie von den Pflanzen und den verschiedenen herrlich duftenden Gewürzen, die schon obligatorisch sind", fügte ich in bester Liborilaune hinzu. Jedes Jahr zu Libori komplettierten wir unseren Haushalt mit einer Neuheit vom Pottmarkt. Was uns in diesem Jahr wohl noch fehlen würde? Wir waren für alles offen.

„Auf geht's!", spornte ich die kleine Gesellschaft an, und damit nahm das Liborischicksal seinen Lauf.

Wir strebten also auch in diesem Sommer mit allerbester Laune zunächst dem Pottmarkt entgegen. Später wollten wir auf den Berg. Doch kaum hatten wir den Bus verlassen, schrie Harald am Anfang der Westernstraße: „Stopp! Stopp!", und stürmte davon. Wir sahen uns verdutzt an, er aber hatte die erste Frittenbude im Visier und orderte schon im Anmarsch eine Currywurst. Wir sahen uns kopfschüttelnd an. Im nächsten Moment kaute er genüsslich auf einem Stück Wurst herum, blickte uns versonnen an und hauchte: „Ah! – Köstlich."

Langsam zogen wir auf der Haupteinkaufstraße weiter, an den vielen Fressbuden vorbei. Wir nahmen an, unser Harald sei gesättigt und wir könnten uns ungestört dem bunten Liboritreiben hingeben. Doch es sollte uns erbarmungslos treffen.

Als wir gemächlich auf das Rathaus zu bummelten, beschleunigte Harald plötzlich seinen Schritt und schoss auf die nächste Würstchenbude zu. Kurze Zeit später stand er schon wieder in der Menschenmenge und strahlte verzückt.

„Für eine Currywurst gehe ich meilenweit", hauchte er, eine Currywurst kauend, vor uns. „Die ist auch nicht schlecht", war sein Urteil undeutlich durch die Wurst zu vernehmen. Er aß seine Wurst, war zufrieden wie ein Baby nach der Flasche, und wir zogen entspannt durch die Enge, dem Schildern Richtung Pottmarkt folgend.

Hier ging es noch recht beschaulich zu, Menschenmassen wurden erst für den Nachmittag erwartet. Also nahmen wir Hosenträger, Duftöle, Halstücher usw. in aller Ruhe und Stand für Stand in Augenschein, kommentierten, lamentierten und probierten.

„Wo ist denn der Harald geblieben?", fragten wir uns plötzlich und sahen uns suchend um.

„Da kaut er ja!", rief meine Schwester laut lachend. Harald hatte eine Pappschale – natürlich mit einer Currywurst – vor seiner Nase und schob sich gerade das nächste Stück Wurst in den Mund.

„Mit dieser Wurst wäre wieder einmal bewiesen, dass eine gute Bratwurst die Grundlage für eine köstliche Currywurst ist!"

Wir trugen es mit Fassung und Humor. Wir zogen an den Miederwaren vorbei, wobei sich jeder die Frage stellte, wie das so mit der Anprobe laufen würde? Während wir noch mögliche Lösungen diskutierten, entwickelte Harald eine Vorgehensweise, und er lachte spitzbübisch: „Wie wäre es mit einem Probelauf von euch Frauen?"

Jetzt bezog er spontan und lautstark Prügel von uns Frauen. Harald flüchtete und fand an der nächsten Frittenbude prompt Asyl.

Als wir uns näherten, sahen wir einen wütenden Harald.

„Oh, nein, die geht überhaupt nicht – baah! Wie eklig!", schrie er gequält und verzog das Gesicht angewidert zu einer Fratze, stellte sein Schälchen abrupt ab und ergriff die Flucht. „Eine gute Bratwurst ist die Grundlage einer schmackhaften Currywurst", belehrte er uns nochmals eingehend und drängte vorwärts.

Ein neues Objekt hatte seine Aufmerksamkeit gebündelt. Der braungebrannte Gigolo hatte auch ihn ausgemacht und tänzelte auf ihn zu, wobei er ein Grinsen von einem Ohr zum anderen aufsetzte und mit einem Tuch vor Haralds Nase herumwedelte.

„Der Herr pflegt seine Frau genauso so liebevoll wie sein Auto", säuselte der Händler und umgarnte meinen Schwager.

„Klar, nur nicht mit Politur", entgegnete Harald schlagfertig. Der Händler wandte sich seinem Auto zu und fing an, die Motorhaube intensiv zu polieren. „Sehen Sie genau her, mein Herr, nur mit einem Schwamm ein wenig von der edlen Paste auftragen und dann mit einem weichen Tuch gleichmäßig und vor allem sehr gefühlvoll polieren, gerade so, als würden sie den Rücken ihrer Frau massieren." Dabei sah er meine Schwester herausfordernd an.

„Für meine Frau nehme ich keine Paste", konterte mein Schwager und legte liebevoll den Arm um sie. Er folgte aufmerksam der Vorstellung und den Ausführungen des Marktbeschickers, übernahm kurzfristig das Polieren, beobachtete kritisch die weitere Vorgehensweise und stellte gezielt Fragen, sodass der Verkäufer ins Stottern geriet.

„Mit leerem Magen kann ich mich für keine Politur entscheiden", brummelte mein Schwager, drehte sich auf dem Absatz um, ließ uns sprachlos vor dem Auto unter dem Dom stehen und hastete gezielt auf die nächste Frittenbude zu. Der verdutzte Verkäufer sah ihm kopfschüttelnd nach, realisierte aber sein Vorhaben, lachte und bearbeitete mit vollem Körpereinsatz den Lack seines Autos. Ehe wir es noch recht registriert hatten, genoss Harald seine sechste oder siebte Currywurst und verfolgte still genießend das bunte Geschehen um ihn herum. Allmählich machte ich mir Sorgen um sein Wohlbefinden, doch Harald vertilgte mit einem „Nicht schlecht" das letzte Stück dieser Wurst. Ob sich aus jedem Ohr bald eine Currywurst winden würde, weil der Magen wegen Überfüllung geschlossen ist? Nun, er war alt genug.

Nachdem er sich die Lippen gereinigt hatte, zückte Harald entschlossen sein Portemonnaie, steuerte auf den Gigolo zu und erwarb gleich zwei große Tuben dieses Wundermittels, das den Lack des Autos derart zum Glänzen bringen sollte, dass man sich darin spiegeln kann.

Mein Schwager hatte bis zum späten Nachmittag keine Würstchenbude auf dem Pottmarkt ausgelassen, aber trotzdem Autopolitur gekauft. Meine Schwester und ich trugen unsere Gewürze, genossen die erstandenen Bonbons und mit ein paar Bierchen löschten wir den Durst. Neu für unseren Haushalt waren die bunten Backformen, die angeblich die NASA entwickelt hatte.

Jetzt strebten wir durch die Grube dem Berg entgegen, der Amüsiermeile mit unterschiedlichen Fahrgeschäften und vielen anderen Buden. Doch Harald kam schon an der erstbesten Bude am Kamp nicht vorbei.

„Ich muss eben noch die Wurstwaren hier testen", murmelte er beschwörend und war schon am Stand. Wir hielten ihn nicht auf. Ich genoss ein weiteres Bier und meine Schwester nutzte die Wartezeit für einen Blick auf den Schmuck im Schaufenster des Juweliers

Harald rieb sich mit beiden Händen seinen Bauch. Wollte er die Currywürste gleichmäßig verteilen? Oder zwickte ihn der Bauch inzwischen? Oder probte vielleicht sogar sein Magen den Aufstand?

„Ich liebe Currywürstchen! Ich esse sie für mein Leben gern. Deshalb kann ich einfach an keiner Bude vorbeigehen", stotterte er stattdessen wie ein kleines Kind, dass man bei etwas Verbotenen ertappt hat. Die Zunge rettete gerade noch das letzte Tröpfchen Soße von der Lippe. „Nur nichts umkommen lassen", bemerkte er dazu ganz trocken und griff in die Tüte mit gebrannten Mandeln, die seine Frau inzwischen gekauft hatte.

Nach diesem Genuss fragte ich mich allerdings, wie lange der gestandene Harald sein Testessen noch durchhalten würde. Auf dem Berg fuhr er mit uns im Musikexpress, die Wildwasserbahn nässte ihn von außen, Autoscooter fuhr er mit mir um die Wette, vor dem neuen hohen Fahrgeschäft kapitulierte er jedoch. *Robuster Magen!*, dachte ich trotzdem. Dann strebte er zügig die nächste Bude an. Kaum zu glauben. Als auch wir allmählich ankamen, war seinem Gesicht schon von weitem das Ergebnis dieser Testphase abzulesen. Sein negatives Urteil traf die Wurst mit aller Härte. Er ließ diese stehen und probierte es an der nächsten. Dann zog es uns ins Bayernzelt, das um diese Zeit noch wenig besucht war. So suchten wir uns einen exponierten Sitzplatz und orderten Bier. Wir schunkelten und jodelten und beschlossen in Bayernlaune eine Fahrt zum Oktoberfest. Currywurst gebe es schließlich auch in München, erklärten wir Harald.

Aus dieser überschäumenden Laune heraus sprang mein Schwager urplötzlich auf. Er rannte ohne ein Wort der Erklärung los, startete durch, erreichte dabei bestimmt eine hervorragende Zeit auf der Kurzstrecke und verschwand in Richtung Rosenstraße. Für die folgende Zeit ward er nicht mehr gesehen. Wir ließen uns die Laune nicht vermiesen und stiegen derweil in das Riesenrad. Als wir lachend aus der Gondel stiegen, stand er wie eine plötzliche Erscheinung wieder vor uns und hielt sich seinen Bauch. „Jetzt brauche ich erst einen richtigen Magenbitter, dann kann es weitergehen!", verkündete mein Schwager und zog auch schon los.

Er schüttelte das Fläschchen, leerte es in einem Zug und schüttelte dann sich ausgiebig. „So, gleichmäßig verteilt, jetzt geht es wieder", tat er kund und wandte sich den Lebkuchenherzen zu. „Gruß von Libori" hängte er seiner Frau um den Hals und drückte sie ausgiebig.

„Wie viele Würstchenbuden gibt es noch?", wollte er nun von mir wissen.

„Du hast es bald geschafft", versprach ich ihm und deutete auf das Ende vom *Berch*.

Die Schießbude umlagerten wir zu guter Letzt auch noch, zielten erfolgreich auf Dosen, ließen die Pferde um die Wette rennen und zogen durch das Gruselkabinett. Die letzte Teststation für Currywürste hatte mein Schwager bereits entdeckt und steuerte sie sogleich an. War es die dreizehnte oder bereits die vierzehnte Currywurst? Egal, er aß sie nun mal für sein Leben gern, und was für den einen die Zuckerwatte, ist für den anderen die Currywurst. Es dunkelte bereits, als wir zum Abschluss ein Eis schleckten und gebrannte Mandeln als Wegzehrung kauften. Harald hatte ja bereits eine ausreichende Reserve für den Heimweg geschaffen. Er war zufrieden mit sich und Libori, mit den Currywürstchen im Bauch und der Autopolitur in der Hand.

Es lebe Libori und die Currywurst!

Libori
Beate Köhler

„Britt deckt auf!"

Durch die großen Fenster fallen in den weißgetünchten Raum, ein typisches Krankenzimmer eines alten Krankenhauses, ein paar Sonnenstrahlen, gefiltert von dem Blätterdach einer knorrigen uralten Eiche vor dem Fenster. Meine Bettnachbarin ist irgendwohin unterwegs; sie ist meistens unterwegs. Ich genieße die wärmende Sonne und die Ruhe in meinem spartanischen Krankenbett. Ich bin in das Fachbuch vor meiner Nase vertieft, meine Notizzettel dazu verteilen sich gleichmäßig auf der weißen Bettdecke. Gerade kritzele ich einen neuen Gedanken auf einen weiteren Zettel, als die breite Tür schwungvoll aufgerissen wird.

„Stört es Sie, wenn ich das Fernsehen anmache?" „Nein, nein, bitte schön!"

Was wohl an einem Vormittag mitten in der Woche im Fernsehen zu sehen ist?, frage ich mich. Nach einem gezielten Griff zur Fernbedienung und einem kräftigen Druck auf eine Taste wirft meine Nachbarin sich auf ihr Bett, gleichzeitig blitzt das Fernsehbild unter der Zimmerdecke auf. Neben dem Fernsehbild bildet das bunt angemalte Etwas auf dem Bett neben mir einen netten Farbklecks in diesem sonst so sterilen Raum.

Ein kleines Studio erscheint vor der weißen Zimmerwand, Menschen klatschen, die Moderatorin hält ihre Spickzettel in der Hand, zwei kurios gekleidete Personen sitzen vor den Zuschauerreihen und schreien sich gegenseitig unbarmherzig an.

Tolle Sendung, denke ich. Ich lasse mein Buch langsam auf die Bettdecke sinken, das Geschehen beginnt mich zu fesseln.

„Was wird denn um diese Zeit Bedeutendes gesendet?", frage ich, nun neugierig geworden und mit einem kritischen Seitenblick auf meine jugendliche Zimmergenossin.

Sofort werde ich bereitwillig aufgeklärt.

„Was wohl! Eine Talkshow!"

Und damit nimmt das Schicksal seinen Lauf. An diesem denkwürdigen Sommertag Ende August wird meine Fernsehbildung in einem Crashkurs optimiert.

„Und das da ist Arabella, eine bekannte Moderatorin! Kennen Sie die etwa nicht?"

„Nein", gestehe ich zögernd und etwas beschämt und ernte glatt den erwarteten mitleidigen Blick von der Seite. „Die muss man einfach kennen. Kommt jeden Morgen", werde ich kurz und knapp informiert. Also packe ich die Gelegenheit beim Schopfe, um diese vermeintlich eklatante Bildungslücke hier und jetzt zu schließen. Aufmerksam verfolge ich die Sendung, in der Menschen unterschiedlicher Couleur ihre wirren und sehr zweifelhaften Lebenszusammenhänge heftig diskutieren. Arabella müht sich redlich um Ruhe und um die Einhaltung von Regeln. Die „Rettungsringe" der rothaarigen, üppigen Dame fallen fast aus der Röhre, und das ungepflegte Sauerkraut im Gesicht des Mannes neben ihr scheint Strategie.

Na ja, denke ich, *jetzt kann ich wenigstens mitreden und weiß, wer Arabella ist.* Doch während ich noch darüber sinniere, ob mir bis jetzt Wesentliches entgangen ist oder auch nicht, schwebt der bunte Puhvogel[*] neben mir wieder davon – ausgerüstet mit Zigaretten und Feuerzeug.

„Ich muss!", zwitschert sie, und schon fliegt die schwarze Fernbedienung auf meine Zettelwirtschaft und die Tür ins Schloss. Ich bleibe nachdenklich und einsam zurück. Schließlich schaffe ich mit einem entschiedenen Druck Ruhe. Herrlich! Ich blicke hinaus in die glitzernden Sonnenstrahlen und hänge meinen Gedanken nach.

---

[*] Junge und naive Person.

Nach einer Weile werde ich abrupt in die Realität zurückgeholt.

„Kann ich jetzt Vera anschalten?", ertönt es neben mir. Ohne eine Antwort abzuwarten hat dieses 22-jährige Wesen schon die Glotze angeworfen, und eine Moderatorin erscheint mit weiteren kuriosen Gestalten auf der Mattscheibe.

„Vera – heißt – die?", frage ich auch jetzt wieder skeptisch und ganz vorsichtig von der Seite, denn ich ahne bereits, was nun auf mich zukommen wird. Provokation gelungen, ich werde aufgeklärt und muss schmunzeln.

„Sagen Sie bloß, die kennen Sie auch nicht!" Ihr Unverständnis war nicht zu überhören.

Ich treibe es auf die Spitze: „Nein. Ich bin wahrscheinlich wirklich ein wenig unterbelichtet, aber sollte ich die auch kennen? Ist die wichtig?"

„Klar, echt cool die Frau! Muss man sehen!"

Also werde ich unweigerlich mit den Lebenslügen, Missverständnissen, Unverschämtheiten und weiteren Unbilden des Lebens meiner Mitmenschen konfrontiert. Auch Vera gibt sich enorm viel Mühe, Licht in menschliches Dunkel zu bringen, zeigt viel Verständnis für alles, jedes und jeden und erhebt von Mal zu Mal mahnend die Stimme, wenn es mal wieder zu turbulent in dem kleinen Studio zugeht. Als der fast zahnlose Erwin das Studio betritt, fällt mir doch fast die Kinnlade auf die Bettdecke. Damit habe ich wirklich nicht gerechnet, und mit der Reaktion aus dem Nachbarbett in diesem Moment auch nicht.

„Cool, wie mein Alter!", kommentiert mein Puhvogel prompt, und ich blicke sie verstehend an, kenne ich doch diese Verhältnisse aus meiner Arbeit in sozialen Brennpunkten. Ich kann nun allmählich ihre Lebenssituation einordnen.

Eine weitere Frau kommt ins Studio getänzelt, wenn man das bei diesen elefantösen Ausmaßen so nennen darf, und sie lässt sich betont lässig in den Sessel plumpsen. Ihren Mund hätte sie besser nicht aufmachen sollen, denn es sind überwiegend unflätige Fragmente der deutschen Sprache, die ihm entfleuchen. Ich bin aber verblüfft, mit welcher Tragik sie gestraft ist. Gekonnt legt auch die nächste Dame in einem knappen roten Outfit einen Seelenstriptease vor der Kamera nieder.

Vielleicht sollte ich in mich gehen, meine Arbeit gründlich reflektieren und mich dann umstellen, denke ich unwillkürlich. *So funktioniert Lebensberatung offensichtlich auch!*

Die überaus große Realitätsnähe der Mitmenschen dort auf der Mattscheibe zu meinem Arbeitsalltag als Heilpädagogin schockt mich hier in meinem Bett dann doch. Der Mann mittleren Alters wurde wohl im letzten Moment aus dem Bett gezerrt; so blieb ihm nur noch Zeit, in seinen abgewrackten Jogginganzug zu springen. Die Frau an seiner anderen Seite wurde in Ermangelung passender Garderobe in Kleidergröße 50 gepresst, wobei Größe 56 sie wesentlich vorteilhafter gekleidet hätte. Einer weiteren Teilnehmerin der illustren Runde fällt der Busen gleich in die Kamera bzw. in mein Bett und der Herr an ihrer Seite erscheint als Krönung der Schöpfung einfach nur umwerfend ungepflegt mit dem unendlichen Charme einer Küchenschabe. Im weiteren Verlauf der Sendung bemerke ich außerdem, dass mein Wortschatz erhebliche Lücken aufweist und nun durch interessantes Vokabular erweitert werden kann. Sie werden meine Arbeit zukünftig enorm erleichtern. Ich schüttle den Kopf und kann im Abstand zu meiner Tätigkeit wieder herzlich in mich hineinlachen.

„Bis Morgen zur gleichen Zeit", verabschiedet sich nun Vera mit ihrer Talkshow. Sie hat sich wacker geschlagen. Schade, ich fand gerade Gefallen an ihr.

„Jetzt wissen Sie auch, wer Vera ist!", flötet mir mein Puhvogel ins Ohr und entschwindet auch schon wieder mit einem theatralischen Abgang.

Puh! Das muss ich erst einmal verdauen. Jeden Morgen eine Talkshow nach der anderen, die Realität holt mich ein. Oder ist das überhaupt die Realität? Viel Zeit bleibt mir nicht, darüber nachzudenken, weil erneut die Tür auffliegt.

„Jetzt kommt Britt! Müssen Sie sehen!" Mich beschleicht ein ungutes Gefühl, irgendwas zwischen Ärger und Verblüffung.

„Auch eine Talkshow?", frage ich natürlich rein rhetorisch, denn was sollte sich mein Puhvögelchen sonst ansehen wollen?!

„Kennen Sie die etwa auch nicht?"

Oh, das klang aber jetzt schon sehr nach einem Vorwurf. Eine mir unbekannte Erscheinung begrüßt freundlich die Zuschauer an den Bildschirmen zu Hause.

„Wenn die wüsste...", brummle ich wissend und genieße zum ersten Mal mein Krankenhausbett.

„Wollen Sie mir bitte diese Dame auch mal eben vorstellen?", wende ich mich auffordernd an meine Bettnachbarin.

„Das ist doch Britt. Habe ich gerade gesagt." Ich hätte aufpassen müssen!!

„Entschuldigung", brummle ich mehr zur Belustigung, denn sonst beiße ich gleich in meine Bettdecke.

„„Britt deckt auf! ist das!"

„Aha! Danke! Und was deckt sie auf?" Das will ich nun auch noch von ihr wissen, setze meinen naiven Gesichtsausdruck auf und blicke sie herausfordernd an. Ich halte ihrem strafenden Blick zunächst stand, starre dann aber auf die Glotze, denn dort geht es weiter. Nebenbei erfahre ich von ihr, dass Britt aufdeckt, wer wen wann und mit welchem Ergebnis schamlos betrogen hat. Sogar eine „echte" Schwiegermutter als Drachenersatz mischt ordentlich mit und macht dem bestehenden Klischee alle Ehre.

„Wie meine Schwiegermutter", entfährt es meinem Puhvogel.

Schweigen.

„Ob sie eine Bemerkung erwartet?", denke ich.

Es wird weiter gelogen, geheult, geschrien und theatralisch um Verzeihung gebeten. Ich muss schon sagen, diese Mitspieler beherrschen ihr Metier, ich bin begeistert. *Ob ich das auch so realitätsnah könnte?,* frage ich mich. Ich erweitere jedenfalls meinen Horizont unermesslich und das sogar auf mehreren Ebenen. Ich drücke mich in mein Kissen und atme erleichtert auf: *Fachfrau hat frei,* rufe ich mich zur Räson

Was mir doch bis jetzt entgangen ist! Unverständlich, dass ich mit so viel Unwissenheit überhaupt durch das Leben gekommen bin. Ich schüttele den Kopf.

In der Werbepause werde ich vom Puhvogel weiter aufgeklärt.

„Ich gucke das jeden Tag. Das muss ich einfach sehen. Die sind doch echt cool. So sind meine Alten auch."

Also wie im richtigen Leben, denke ich. Über diese Tatsache muss ich nachdenken, doch warum zieht sich ein Puhvogel so etwas rein?

„Haben Sie keinen Job, wenn Sie schon am Vormittag alle Talkshows sehen können?", frage ich interessiert.

„Hatte ich. War zu stressig. Außerdem hat mein Chef mich nur ausgenutzt. 'n echter Spinner! Und die Kohle stimmte auch nicht!" Ich höre mir ihre Lebensbeichte geduldig an, mitfühlend natürlich, was alles sonst noch nicht stimmen würde.

„Aber sagten Sie nicht, dass Sie auch ein Kind haben?", erkundige ich mich weiter nach ihrem Lebenskontext.

„Klar, meinen Benni. Der ist meistens bei meiner Mutter. Die kommt nachher mit ihm. Der ist echt süß." Ein Lächeln fliegt über ihr Gesicht. „Muss mal sehen, was ich demnächst so mache", fährt sie fort. Und damit höre ich mir im Telegrammstil geduldig ihre Geschichten und ihre märchen- und mädchenhaften Wünsche an, wobei ihre Krankenakte gleich mitgeliefert wird.

„Und was haben Sie?", erkundigt sich meine Nachbarin, weniger mitfühlend als neugierig, nach meiner Leidensgeschichte. Doch da wird ihre Aufmerksamkeit schon wieder von Britt auf der Bildfläche angezogen, die weiter schonungslos Familiengeheimnisse aufdeckt. Britt entwirrt erfolgreich Vaterschaftsverhältnisse, schlichtet Ehestreit, klagt Seitensprünge an, gibt Ratschläge für ein erfolgreiches Sexleben und rügt aufmüpfige Töchter.

Der tätowierte Macho bezeichnet sich als „Hengst" und hält sich für den besten Liebhaber der Welt. Das Mauerblümchen neben ihm wirkt eingeschüchtert, ängstlich. Zu Wort kommt es dann nicht mehr, denn die Sendezeit ist um und Britt verabschiedet sich. Sie hat für heute genug aufgedeckt.

Aha, resümiere ich, *so werden Konflikte effektiv geregelt?!*

Ich habe es wahrgenommen und will mir ein Beispiel an ihr nehmen in meiner Arbeit. So geht es ja auch. Britt hat es doch gerade souverän vorgemacht.

Ich erbitte mir die Fernbedienung, Widerstand dulde ich nicht und nach einem entschlossenen Handgriff entschwindet die Reklame mit dem schnittigen Opel im Nichts.

„Eigentlich bin ich Frisörin, aber zuletzt habe ich gekellnert. War aber einfach nur ätzend."

Aha.

„So, und jetzt wartet Henne auf mich!"

„Henne?", frage ich mehr verblüfft als wirklich interessiert. Also Ruhe in freudiger Erwartung.

„Ja, den hab ich gestern hier getroffen, woll'n se mit?"

„Ach, nein danke, das ist sehr nett von Ihnen, aber ich möchte jetzt ein wenig schlafen", tu ich meinerseits mein Bedürfnis kund. Sie kann ja nichts dafür.

„Könn' ruhig Du zu mir sagen", bietet der Puhvogel mir während des Auffrischens ihrer Gesichtsfarbe an.

„Oh, danke!"

Nach einem abschließenden Blick in den Spiegel tänzelt sie davon und ich atme erleichtert durch. Puh.

Erschöpft döse ich nun vor mich hin. Über meinen Informationsstand, die Fernsehbildung und über den Sinn des Lebens muss ich eingehend nachdenken. Sollte ich vielleicht etwas grundlegend ändern? – Nein, nicht wirklich. Doch nach kurzer Zeit werde ich wiederum ziemlich unsanft aus meinen Gedanken gerissen.

„Wo ist sie?", blafft sie mich an.

„Wer?", frage ich unschuldig dreinblickend.

„Na, die Fernbedienung. Ich muss den Oliver sehen! Der ist vielleicht süß", bekomme ich schwärmend zur Antwort.

Es geht also nachmittags mit ähnlichen Sendungen weiter!, erfasse ich meine Situation.

„Die habe ich hier", antworte ich und halte sie besitzergreifend fest. „Ich möchte mir einen Bericht über Luis Trenker ansehen, der kommt jetzt gleich!"

Mein Puhvogel stutzt und sieht mich verständnislos an.

„Und wer ist das?", kommt die gedehnte Frage, mehr entsetzt als interessiert.

„Na, kennste den etwa nicht? Ist echt cool, der Mann, musste dir mal reinziehen."

Meine Bettnachbarin starrt mich verständnislos an, dreht sich um und entschwindet stante pede.

Ruhe! Himmlische Ruhe!

Lilo Wanders klärt auf

„Was kommt denn heute Abend im Fernsehen?", fragte meine neue Bettnachbarin mich zaghaft. Nachdem sich mein Puhvogel heute gegen Mittag überschwänglich von mir verabschiedet hatte, gehörte die Fernbedienung für den Rest des Tages mir.

Mein Privatpatientenstatus wurde dann gegen Abend jäh beendet, als ein zweites Bett achtsam in das Zimmer geschoben wurde.

„Ich bin Elisabeth Temme", stellte sich eine zierliche alte Dame höflich vor. „Ich habe die letzte Nacht auf der Intensivstation zugebracht, mit einem Schlaganfall. Aber jetzt geht es schon wieder aufwärts. Es ist bestimmt alles nicht so schlimm!"

„Schön, dass es Ihnen schon wieder etwas besser geht", erwiderte ich höflich.

„Es tut mir leid, dass ich hier in Ihre Ruhe einfach so hineinplatze", entschuldigte sich die kleine Frau jetzt auch noch. Sie ist kaum auszumachen in ihrem weißen Bett.

„Es ist schön, dass Sie mir ab jetzt Gesellschaft leisten", begrüße ich meine neue Mitpatientin aufmunternd. „Sonst kann es doch ziemlich langweilig hier werden, so allein in einem Krankenzimmer."

Nach einiger Zeit des Schweigens beginnt sie zögerlich den Kontakt zu mir aufzunehmen.

„Wissen Sie, es ist nett, dass ich bei Ihnen liegen darf. Sie sind sehr freundlich zu mir!"

„Nun, warum denn auch nicht", antworte ich und lächle ihr verschwörerisch zu. „Wir bilden doch schließlich eine Notgemeinschaft."

Ich merke, dass die zurückhaltende Dame gern ein paar Worte mit mir reden würde, und schon fängt sie an, mir ihr sehr bewegtes, wenn auch überaus bescheidenes und nicht immer einfaches Leben zu erzählen. Dieses Leben im Schatten ihres Mannes und in Aufopferung für ihre Familie hat sie in besonderer Weise geprägt. Sie gehört offensichtlich zu den Menschen, denen man nichts Böses wünscht.

Wir genießen also im Austausch von bedeutenden und weniger wichtigen Lebensereignissen unsere Ruhe und das bescheidene Abendbrot.

„Zuhause gehen wir immer gleich nach der Tagesschau ins Bett. Mein Mann will das so", erklärt sie sich entschuldigend. Höre ich da einen bedauernden Unterton?

Ach du Schreck, denke ich, *da scheint mir nicht mehr viel zu laufen! – Was für eine Perspektive!?*

Die nächste Erklärung folgt: „Und wenn wir mal fernsehen, dann bestimmt er das Programm."

Na ja, denke ich bei mir, habe eigentlich auch nichts anderes erwartet.

„Aber mir ist das auch egal. Er hat so viel durchgemacht," nimmt sie ihn in Schutz. Und so erfahre ich auch noch die Leidensgeschichte ihres Mannes. Danach muss ich ihr Recht geben. Er hat bis jetzt nicht gerade auf der Sonnenseite des Lebens gestanden.

„Wollen wir jetzt mal fernsehen?", fragt meine Bettnachbarin erneut ganz schüchtern von der Seite und fast ein wenig konspirativ. Gefällig reiche ihr die Fernbedienung hinüber und denke: *Wenigstens einmal in ihrem Leben soll sie dieses unendliche Gefühl von Freiheit genießen. Und warum dies nicht in einem Krankenhaus?*

„Nein, nein", wehrt sie unsicher, aber vehement ab.

Überfordert mit so einem breiten Spektrum von Entscheidungsmöglichkeiten?, frage ich mich. *Na ja, hätte ich mir eigentlich auch denken können,* rüge ich mich gleich darauf.

„Ich weiß doch gar nicht, wie so ein Ding überhaupt funktioniert. Und was so kommt, weiß ich auch nicht", gibt sie beschämend ehrlich zu.

„Das zeige ich Ihnen schon. Keine Sorge. Sie können heute Abend mal bestimmen, was Sie sehen möchten", lasse ich mich nicht so leicht abwimmeln.

„Na, schalten Sie doch einfach mal so durch, dann finden wir schon das Richtige für uns beide."

Gesagt, getan. Betont langsam drücke ich eine Taste nach der anderen, wobei die Auswahl an Programmen gar nicht so riesig ist. Ich halte inne; immer, wenn ich denke, das Geflimmer könnte etwas für sie sein.

„Gucken wir mal noch weiter!", kommt dann nach einer kritischen Pause die klare Anweisung von meiner rechten Seite. Sie scheint ihre neue Freiheit zunehmend zu genießen.

Das kann ja heiter werden, schmunzle ich in mich hinein.

Und dann blitzt RTL auf. Siedend heiß fällt mir ein, dass heute Donnerstag ist. Und donnerstags abends kam immer Wanders! Lilo Wanders – *die* Wanders!

„Die muss man kennen, wenn man gelebt haben will! Wanders sehen und sterben!", hieß vor kurzem noch in der Kur. Na ja, ich wollte beides: Wanders sehen und leben. Inzwischen ist Wanders eine Institution. Als Transvestit klärt sie die Nation auf und bringt Leben in deutsche Schlafzimmer. Was mache ich jetzt nur? Tatsächlich – nackte Menschen hüpfen durch das Bild. Schnell weiterdrücken?

Doch zu spät.

„Lassen Sie das mal", richtet sich meine alte Dame interessiert in ihrem Bett auf. „Was ist denn das?", kommt gedehnt, aber überaus interessiert aus dem Nachbarbett und meine kleine Frau kriecht ein wenig unter der Bettdecke hervor. Also beschließe ich, dass auch sie Wanders sehen muss und leben soll.

„Oh mein Gott! Was ist denn das? Dass so was im Fernsehen kommt", kichert die kleine Frau ungläubig, aber durchaus bereits einen Tacken lebendiger in ihre Bettdecke hinein.

„Was ist daas?", fragt sie noch einmal kopfschüttelnd nach, zwischen Verwunderung, Abscheu und wachsender Neugierde.

„Das ist Wanders! Lilo Wanders!", erklärte ich höflich und bestimmt. „Was Sie schon immer über Sex wissen wollten, können Sie jetzt hier erfahren!", setze ich mit einer eleganten Erklärung kurz und bündig nach. Im Stillen lache ich mich bereits kaputt und frage mich höchst amüsiert: *Was jetzt wohl gleich passieren mag!? Ob hier alsbald die Post abgehen wird? Und wenn – in welche Richtung?*

„So was gibt es im Fernsehen?!", presst sie ungläubig hervor, doch inzwischen mit einer Mischung aus Entsetzen, einer Portion Amüsement, unbändiger Begeisterung und erwachender Lebensfreude. Ich kann mir beim besten Willen ein Lachen nicht mehr verkneifen.

„Das ist ja nicht zu fassen! Da gibt es Nackte im Fernsehen?!", quietscht meine Bettnachbarin nun laut vor Vergnügen. Höflich gebe ich noch ein paar kurze Kommentare zu der Sendung ab, doch alles andere erklärt sich von selbst.

Meine fundierte Fernsehbildung kommt jetzt zum Tragen. „Möchten Sie das etwa sehen?", frage ich dann noch in ironischer Weise mit einem dicken Schalk im Nacken nach. Ich kann es mir nicht verkneifen.

„Oh ja, lassen Sie uns das mal weiter ansehen", kommt prompt und sogar etwas fordernder die Antwort aus dem

Bett neben mir. Ich wage es jetzt nicht mehr, weiterzuschalten. Diese kleine Frau scheint plötzlich zu wachsen, ja, sie wird richtig quirlig und aufsässig.

„Nun gut, es scheint ja der Genesung dienlich", lache ich. „Und dafür bieten wir fast alles hier!"

„Wissen Sie, zuhause kann ich abends nie fernsehen. Und so was natürlich erst recht nicht. Wenn das mein Mann wüsste!", kräht sie vor Vergnügen, schaut mich verschwörerisch von der Seite an und schlägt mit der rechten Hand immer wieder auf die Bettdecke.

„Der würde ja explodieren und den Kasten sofort ausmachen! Nein, das können Sie sich nicht vorstellen. Aus dem Fenster würde der Kasten fliegen!"

Doch, das kann ich mir nur allzu gut vorstellen.

„Wir gehen immer früh ins Bett. Da gibt es keine Ausnahme." Und nach einer kurzen Pause folgt die Bitte: „Sagen Sie bloß nichts meinem Mann!"

„Na, wie käme ich dazu! Von mir erfährt der bestimmt kein Sterbenswörtchen. Wir Frauen müssen doch zusammenhalten", bestätige ich unseren Pakt. „Das ist gut", kichert meine aufgeregte Bettnachbarin, und ich glaube, sie wird gerade wieder ein wenig größer und gesünder.

Jetzt lacht sie schallend los, staunt mit riesigen Augen in die Glotze und wird noch lebendiger.

„Dass so was im Fernsehen kommt, hätte ich ja nie für möglich gehalten", quiekt sie wieder und kann ihr Glück kaum fassen. Wanders dient offenbar als Jungbrunnen. Wenn die das wüsste! Als Wanders dann aber das Sex-ABC weiter ausführt und mit praktischen Beispielen belegt, ist es vollends geschehen um die kleine Oma.

„Das habe ich ja alles nicht gewusst! Da muss ich erst ins Krankenhaus kommen, um aufgeklärt zu werden. Und das in meinem Alter! Stellen Sie sich das nur mal vor!"

Ich brauche mir nichts vorzustellen, ich erlebe es ja gerade mit unendlichem Vergnügen.

„Na, dass Sie mir nur nicht übermütig werden", frotzele ich, „und heute Nacht auf dumme Gedanken kommen! Ich glaube, ich muss auf Sie aufpassen!"

„Sie haben ganz Recht. Da könnte man wirklich noch mal jung werden!", pflichtet sie mir bei. „Mein Gott, was ich alles verpasst habe!", seufzt Frau Temme wehmütig im nächsten Moment. „So was gab es bei uns früher nicht. Ich kenne Sex nur unter der Bettdecke und das im Dunklen! Stellen Sie sich das einmal vor! Mein Mann – nein, mein Mann ..."

Ihr fehlen die Worte vor so viel Glück, aber offensichtlich auch vor der Unfassbarkeit des Verpassten. Unverhohlenes Bedauern klingt aus ihren Worten.

Ich stelle mir in diesem Moment so einiges vor und freue mich über so viel Übermut und über die spontan voranschreitende Genesung. Da können sämtliche Gesundheitswässerchen, alle Pillen und Spritzen überhaupt nicht mithalten. Selbst Lourdes ist außer Konkurrenz.

„Da muss ich erst 72 Jahre alt werden, um so was noch zu erleben", ruft Frau Temme und hüpft fast aus dem Bett.

Meine Bettnachbarin ist nicht mehr zu halten. Schallend lacht sie vor purem Vergnügen und klatscht mit den Händen auf die Bettdecke – soweit es möglich ist. Ihr Zustand scheint sich weiter sekündlich zu verbessern. Wir sind nicht mehr zu bremsen und lachen um die Wette, als die Tür schwungvoll aufgerissen wird.

„Na, Sie haben ja einen Spaß hier!", stellt die Nachtschwester fest und blickt fragend auf das Fernsehbild.

„Ja, ja, das kann man wohl sagen!", bestätigen wir wie aus einem Mund. Meine Bettnachbarin hält sich kichernd die Hand vor den Mund, wie ein kleines Mädchen, das beim Naschen ertappt wurde.

„Der Film ist wirklich zu lustig!", setze ich nach, denn in diesem Moment schwebt gerade Meister Proper über den Bildschirm. Verschmitzt grienend schaut sie von einer zur anderen: „Dann komme ich später noch einmal vorbei! Denn schlafen wollen Sie jetzt bestimmt noch nicht!"

„Nein!", trompeten wir unisono gedehnt und wechseln schnell einen geheimnisvollen Blick.

„Viel Spaß!" Und damit war die schmunzelnde Schwester wieder entschwunden.

Puh. Noch einmal davon gekommen. Verschwörerisch gluckst die Oma in ihre Bettdecke und sieht mich so spitzbübisch von der Seite an, als wären wir gerade als Klingelmännchen unterwegs und würden hinter einer Mauer hockend uns über die wetternde Alte in der Haustür lustig machen.

„Oh, es geht weiter!", sprudelt meine jugendliche Oma ganz aufgeregt und rekelt sich vergnüglich in ihrem Bett.

Wir werden nun in exklusive Varietés Australiens entführt. Glimmer, Glanz und Glamour, exklusives Ambiente, alles vom Feinsten. Hautnah dürfen wir zwei junge attraktive Männer auf ihrer außer- und ungewöhnlichen Strip-Tour durch die Lande begleiten. Und es lohnt sich. Diese braungerannten, ebenmäßig gebauten, durchtrainierten und glänzenden Körper lassen jedes Frauenherz vor Freude zerspringen. Adonis im Doppelpack! Welch eine Augenweide.

„Sind die schöööön!", vernehme ich schwärmerisch aus meinem Nachbarbett. „Eine wahre Freude, ein Labsal für jedes weibliche Gemüt!"

Wo sie Recht hat, hat sie Recht, denke ich. Bei diesem einmaligen Anblick würde jede Frau sofort schwach werden und einfach davon schweben – oder zur Höchstform auflaufen.

„Was – machen – die – denn – da?", kommt die gedehnte ungläubige Frage aus dem Nachbarbett in den Raum. Na, das war doch eindeutig.

„Die strippen unheimlich gekonnt und elegant", bemerke ich genießerisch mit Kennerblick. „Ja, diese zwei sind schon Kunstwerke an sich und bieten zwei einsamen Frauen in der weißgetünchten Krankenhauslandschaft allerhöchsten Genuss."

„So was hab ich ja noch nie gesehen", unterbricht meine Nachbarin mein Flowgefühl. „Dass es so was gibt!?"

Doch es war uns keine Genusspause vergönnt. Der weitere Verlauf der Show wird vielversprechend angekündigt: „Sehen Sie nun: Penisakrobatik in vollendeter Form!"

„Was? Penisakrobatik?", prustet meine Bettnachbarin laut los. „Das hab ich ja noch nie gehört! Und gesehen erst recht nicht!"

Nun, ich auch nicht, muss ich gestehen. Uns fehlen die Worte. Doch im nächsten Moment platzt eine donnernde Lachsalve aus meinem Nachbarbett. Wir starren gebannt auf den Bildschirm, so, als könnten wir uns dadurch Down Under beamen. Was wir nun geboten bekommen, geht über jegliches Vorstellungsvermögen und lässt sich einfach nicht in Worte fassen. Sogar die letzten Hüllen fallen, und wir lassen unsere Blicke ungehindert über die edelsten Teile der Männer gleiten. Die beiden stehen auf der Bühne, so wie Gott sie erschuf – in vollendeter Form, wie gemalt. Wir sind einem Infarkt nahe. Eine Steigerung ist kaum noch möglich.

Doch das hatten wir auch nur geglaubt, denn sogleich kugeln wir vor Lachen fast aus unseren Betten. Dabei vergessen wir uns völlig und unsere Umwelt erst recht. Die

Massen vor und hinter dem Bildschirm toben und kreischen, sie sind einfach nicht mehr zu bremsen. Adonis und Co. schwingen ihren Penis so geschickt wie ein Cowboy sein Lasso kurz vor dem Fang eines Rindes. Und das synchron! Rechts herum, linksherum und noch einmal das Ganze, gekonnt kreiert, einstudiert und perfekt performt. Ich bin einfach nur beeindruckt. Im gleichmäßigen Rhythmus, zu fetziger Musik schwingen sie ihr „Lasso" als wollen sie uns damit einfangen.

„Was sind unsere Männer doch langweilige Typen", entschlüpft es mir fast unhörbar mit einem schelmischen Seitenblick. „Die können nur das eine!"

Doch wir kommen nicht dazu, unseren sehnsüchtigen wie wehmütigen Gedanken nachzuhängen. Auf der Bühne ist noch eine weitere Steigerung möglich. *Und dies wird mir nie jemand glauben – sollte ich es je jemandem erzählen,* denke ich so bei mir. Zunächst wird jeder Penis sanft massiert, dann gedreht und in sämtliche Richtungen gezogen, liebevoll versteckt und wieder hervorgezaubert und in alle Richtungen geschwungen wie ein Peitsche. Ein Trommelwirbel kündigt nun offensichtlich den nahenden Höhepunkt der Veranstaltung an. Adonis und Co. ziehen ihren Penis länger und länger. Wir machen uns schon ernsthaft Sorgen um die edlen Körperteile. Gleich reißt bestimmt einer ab. Wir kreischen um die Wette und wischen uns die Tränen aus dem Gesicht. Wir halten die Luft an und fühlen die knisternde Spannung über die Kontinente hinweg. Und dann – ja, dann! – wird ganz behutsam und mit liebevoller Eleganz, gekonnt und sicher vielfach geprobt ein richtiger – nein, das konnte nicht wahr sein – ein echter Knoten in den gummiartigen Penis gezogen. Da stehen zwei ausgewachsene, bildhübsche Mannsbilder mit wohlproportionierten Bodys auf der Bühne und tanzen vor unseren Augen nackt herum – mit einem Knoten im Penis?! Wir sind einfach nur baff und vergessen für einen Moment das Lachen. „Geht denn das überhaupt?", japst meine Bettnachbarin.

„Das weiß ich auch nicht", muss ich kopfschüttelnd gestehen. Wir schweigen einen kurzen Moment, genießen die Freiheit des Augenblicks und denken über diese Art der Kunst nach, denn das ist es ohne Zweifel.

Wenn wir uns trauen würden, einen Mann nach der Machbarkeit zu fragen, würde der uns ganz sicher, nach einer Minute der Verblüffung den berühmten Scheibenwischer zeigen. Oder – er hat auch gerade Wanders gesehen und zweifelt in der Folge möglicherweise an seiner Vollkommenheit und wird unter Umständen ab morgen im Geheimen unendlich hart trainieren.

Es folgen noch weitere, weniger spektakuläre Verrenkungen der Körper. Dann verlassen uns die ebenmäßig geformten Männer auf Nimmerwiedersehen.

„Schade", ist schwärmerisch und aus tiefstem Herzen aus dem Nachbarbett zu vernehmen. Das Gesicht meiner Bettnachbarin erstrahlt in jugendlichem Glanze, und in ihren Augen lugt einen winzigen Moment lang ein kleiner Schelm hervor. Was zwei so attraktive junge Männer alles bewirken können! Erstaunlich!

„Nein, dass ich das noch erleben darf! Da muss ich erst schwer krank werden, um mir so etwas ansehen zu können! – Danke, danke!", haucht meine Bettnachbarin immer noch ganz verzückt und mit verklärtem Blick in die Ferne.

Fernsehen bildet also nicht nur, sondern macht auch gesund.

Das Münchhausensyndrom

Die linke Hand locker in der Hosentasche, in der rechten ein Glas Bier, mit leicht gegrätschten Beinen gut geerdet, so bildet die elitäre Männerrunde eine eingeschworene Gesellschaft am Rande des allgemeinen Trubels. Weltbewegende Themen des Tagesgeschehens werden erörtert und mit klugen Beiträgen kommentiert, es wird lamentiert, propagiert und natürlich eifrig hofiert. Der Bürgermeister, der Ortsvorsteher, der Sparkassendirektor, der Speditionskaufmann, der Arzt und weitere Honoratioren der Dorfgemeinschaft erscheinen würdevoll und unheimlich klug, aber auch überaus wichtig und einflussreich. Nun, vielleicht sind sie es auch.

Nach profanen Kommentaren zur Weltpolitik, der klerikalen Situationsanalyse und der Erörterung des Fußballgeschehens kommt man allmählich zu den lokalen Ereignissen. Der Metzger hat seine Frau schändlich betrogen, jeder weiß es, nur die arme Frau nicht. Das Kleid der Schützenkönigin war zu weit ausgeschnitten, und auf dem Ball war der Apotheker, der heute abwesend ist, einen Moment zu lange draußen hinter der dicken alten Eiche verschwunden. Der Pegel der allgemeinen Heiterkeit steigt mit der voranschreitenden Nacht, wobei sich die Inhalte der Gesprächsthemen allmählich anpassen. Die ersten, noch stubenreinen Witze erheitern die Runde, das Lachen gleicht Laolawellen.

Doch plötzlich gefriert dem Sparkassendirektor das Lachen im Gesicht. Er zieht vorsichtig seine Hand aus der Hosentasche und greift in seinen Rücken. Mit schmerzverzerrter Grimasse stöhnt er über seine malträtierenden Rückenprobleme.

„Die Hexe hat mich heute Nachmittag heimgesucht!", jammert er theatralisch.

Von jedem Mitstreiter erntet er ein paar mitleidige und aufmunternde Worte.

„Ich bin heute Nachmittag noch in den Apfelbaum geklettert."

Alles brüllt vor Lachen: „Du in deinem vorgerückten Alter solltest solche Experimente auch lassen!"

„Ach, meine Frau liegt mir schon seit Tagen in den Ohren, sie wolle endlich das Apfelmus kochen, ehe alle Äpfel verschimmelt sind oder zu Fallobst verkommen. Um das Gezeter endlich abzustellen, bin ich in meinem Alter – ihr sagt es – noch hoch auf die Leiter geklettert."

Anerkennende Blicke werden ihm zuteil.

„Doch als ich mit dem gefüllten Eimer wieder auf der Erde ankomme und ihn eben abstellen will, hat mich die Hexe kalt erwischt."

Erneut dröhnt lautes Gelächter, begleitet von mitleidigem „Ach, du armer Kerl", in die Runde. Doch getreu dem Motto „Wer den Schaden hat, braucht für den Spott nicht zu sorgen" muss sich Gold-Rudi, wie er im Alltag weniger respektvoll genannt wird, noch einige kluge Ratschläge und todsichere Tipps anhören.

„Mir kann so etwas nicht passieren", durchbricht die ruhige, sonore Stimme eines weißhaarigen, gebeugt stehenden alten Herrn das allgemeine Palaver.

Stille.

Verblüffte Blicke heften sich an das ernste Gesicht des Mannes, der diesen selbstsicher und weise begegnet.

„Wieso?", kommt gedehnt die erstaunte Frage aus dem Mund des Sparkassendirektors. „Das musst du mir erklären. Weshalb kann dir so etwas nicht passieren?!", drängt er sein Gegenüber nochmals zu weiteren Erläuterungen, wohl wissend, dass er den Rat eines allseits geschätzten Mitbürgers erwarten kann.

„Nun, da gibt es eine ganz einfache Lösung", hebt der altehrwürdige Herr an und macht erneut eine bedeutungsschwere Pause. Seine Hand verlässt kurz die Hosentasche, um die Wirkung seiner Worte durch eine alles umfassende Geste zu unterstreichen. Sie gleitet dann aber gleich wieder hinter seinem zurückgeschlagenen Jackett in die Tasche seiner Anzughose zurück.

„Nun mach es nicht so spannend", drängt Rudi.

Offensichtlich um Fassung ringend, wählt der alte Herr sorgfältig seine Worte: „Ich in meinem Alter brauche nicht mehr in die Obstbäume zu klettern, die Bäume liegen mir zu Füßen."

Verdutztes Schweigen. Ungläubig wenden sich die umstehenden Herren dem Redner zu.

„Wie meinst du das?", fragt nun einer interessiert. Ein anderer bemerkt sarkastisch, dass er wahrscheinlich nur noch seine Frau in die Bäume schicken würde. Ein dritter vermutet allerdings einen Witz hinter diesen Worten, denn man kennt sich schließlich über Jahre hinweg. Doch er verstummt sofort, als er den majestätischen Gesichtsausdruck seines Gegenübers wahrnimmt. Dieser bedeutenden Sachlage angemessen und mit einer tiefen Würde wählt der alte Herr wiederum mit großem Bedacht seine Worte.

„Ich habe eine ganz simple Lösung gefunden", setzt er an, wohl wissend, dass er alle Aufmerksamkeit für sich gewinnen muss.

„Und die wäre?", drängt Gold-Rudi.

„Ich habe meine Obstbäume alle mit einem Scharnier versehen."

Verblüfft starrt der Sparkassendirektor seinen Gesprächspartner an. Die Gespräche am Rande verstummen. Der alte Herr fährt nach einer angemessenen Zeit des Schweigens mit einer einzigartigen und scharfsinnigen

Ernsthaftigkeit fort, die keinen Zweifel zulässt: „Das ist ganz einfach. Zur Ernte löse ich einfach die Arretierung des Scharniers, umfasse vorsichtig den Stamm des Baumes und lege ihn einfach um. Auf diese Weise ernte ich mein Obst ohne Anstrengung, in völlig gesunder Körperhaltung und ohne die Gefahr, von einer Hexe getroffen zu werden. Folglich kann mir so ein Missgeschick wie dir nicht passieren."

Erneut unterstreicht der alte Herr das Gesagte mit einer sparsamen, aber bedeutungsvollen Geste, die jeden Zweifel im Keim ersticken lässt.

„Wie? Meinst du das ernst? Und das funktioniert?", fragt der Finanzjongleur, halb wissbegierig, halb zweifelnd.

„Aber natürlich doch! Ich habe alle Bäume kurz über dem Erdboden damit ausgestattet", bestätigt der alte Herr und reagiert fast beleidigt, dass man es wagt, seine Ausführungen anzuzweifeln.

Hinter Gold-Rudis mühsam erhaltener Fassade arbeitet es mächtig. Er blickt den weißhaarigen Herrn zweifelnd von der Seite an, sieht in die Runde und massiert mit der linken Hand sein Kinn. Schließlich landet sein Blick wieder auf dem todernsten Gesicht des alten Herren.

„Und die Bäume?", fragt Rudi, noch immer ein wenig skeptisch, aber mit wachsendem Interesse nach.

Der honorige Herr fährt fort: „Nachdem ich den Baum abgeerntet habe, versehe ich das Scharnier mit echtem Heidehonig, um den Stamm wieder zu erden, stelle den Obstbaum auf und lassen die Arretierung wieder einrasten."

Während dieser Ausführungen blitzt für den Bruchteil einer Sekunde der Schalk in den Augen des weißhaarigen Mannes auf.

„Und das geht?", forscht Rudi noch immer verunsichert nach. Den quälenden Schmerz in seinem Rücken hat die

Faszination einer simplen Lösung ausgelöscht. Der Fachmann aber schweigt weise im Ernst der Lage, blickt in die Runde und lächelt sanft.

Die muntere Gesellschaft hält für einen Moment lang den Atem an, bricht dann aber in kollektives tosendes Gelächter aus. Die Hände verlassen die Hosentaschen, und das kühle Nass kann gerade noch vor dem Überschwappen gerettet werden. Dann kombiniert auch Gold-Rudi. Er sieht den immer noch ernst dreinblickenden Herren kritisch von der Seite an und stimmt schließlich zögerlich in das Gelächter seiner Kumpane ein.

Schade – es wäre doch so praktisch gewesen!

Das Wunder einer Kur

„Jetzt hat der schon wieder 'ne andere am Laufen", zischt mir Heidi entrüstet ins Ohr.

„Tatsächlich!!", bestätigt Renate gedehnt. „Sein Kurschatten der vergangenen drei Wochen, ein totales Blondchen, ist erst gestern abgereist, und schon tröstet er sich mit der nächsten. Der hat's ja vielleicht nötig."

„Seid ihr etwa neidisch?", necke ich die beiden, und schon gehen sie hoch wie Raketen.

„Den möchte ich nicht geschenkt haben ...!", echauffiert Heidi sich, und Renate wirft schnippisch den Kopf in den Nacken: „Und mir kannst du ihn nackt vor den Bauch binden, ich würde laufen ...!"

Ob dieser Vorstellung kann ich mir ein breites Grinsen nicht verkneifen. Dieser kurze Schlagabtausch wird mit heiterem Gelächter von der Männerriege vor uns quittiert, denn offensichtlich sind sie dem Don Juan im Westentaschenformat wohl gesinnt. Vielleicht spielt auch ein gewisses Quäntchen Neid eine nicht unerhebliche Rolle?

Die rote halbrunde Ledercouch im Foyer der großen Reha-Klinik ist zu dieser vorabendlichen Ausgehzeit am Samstag gut besetzt. Die gestandenen Mannsbilder ab sechzig – steil aufwärts – amüsieren sich köstlich und haben zu jeder sich bietenden Gelegenheit einen passenden oder unpassenden Kommentar oder einen entsprechenden Witz auf Lager.

„Und da behaupte noch einer, Männer halten nichts vom Tratschen", flüstere ich Heidi zu.

Ich amüsiere mich köstlich und beobachte die andere Hälfte der Schöpfung mit wachsendem Vergnügen. Ein- und ausgehende Personen bleiben von bissigen Kommentaren nicht verschont. Die wenigen Sitzplätze dienen den

Beobachtungsposten als sicherer Standort, um jede Menge Fakten für ausgiebigen Klatsch und Tratsch innerhalb des öden Klinikalltages zu sammeln. Man ist immer auf dem Laufenden.

Nun ist die herausgeputzte Brünette mit dem langen Fahrgestell im Fokus der Lästerer, die auf ihren Stöckelschuhen gerade durch den Eingangsbereich trippelt: „Die hat sich doch gerade vor der Tür von ihrem Mann verabschiedet – zum Herzerweichen war das! Der tat mir so richtig leid. Und jetzt zieht sie schon wieder mit dem Rainer los. Die lässt auch nichts anbrennen."

Heidi läuft zur Höchstform auf.

„Die rennt bestimmt gleich mit ihm in den *Pferdestall*, da geht so richtig die Post ab."

Nun bin auch ich informiert: Der *Pferdestall* ist ein einschlägig bekannter Tanzschuppen.

„Ja, ja, die will auch nicht immer nur Eintopf essen!", kommt dazu die überaus verständnisvolle Bemerkung von der Bank vor uns.

„... wenn man ab und zu auch mal ein Steak haben kann", ergänzt eine andere Stimme lachend. Es trieft geradezu von Verständnis und Neid vom roten Sofa herab.

„Lassen wir ihnen doch den Spaß!", wirft eine weitere Stimme ein.

Die Laune steigt. Der Lärmpegel auch. Das Lachen gleicht Laolawellen.

„Morgens Fango – abends Tango, da ist schon was dran!", stellt eine sonore Stimme sachlich fest.

„Heute Morgen konnten die beiden kaum kriechen und haben furchtbar gestöhnt über ihre diversen Wehwehchen ...", schnaubt Renate verständnislos, „und jetzt springen sie wie junge Hüpfer durch die Gegend!"

„Das gehört einfach zu einer Kur, davon verstehst du nichts. Ich war schon fünfzehn Mal zur Kur, ich weiß wie es läuft ...", wirft Edward ein und erntet bewundernde wie fragende Blicke, überlässt aber weiteres der Fantasie der feinen Gesellschaft.

„Ein Mann genießt und schweigt", schmunzelt ein kahlköpfiges Mitglied dieser Runde. „Das sind eben die Wunder einer Kur, die jeder selbst ergründen muss und erfahren kann."

„Deshalb finde ich, dass jeder mindestens einmal in seinem Leben eine Kur gemacht haben sollte, es müssen ja nicht gleich fünfzehn Kuren sein!", ist Markus' Kommentar dazu.

„Da hast du Recht. Eine Kur ist zum einen entspannend, und anregend zum anderen, natürlich aber auch erholsam und folglich der Gesundheit sehr zuträglich", betont Uwe süffisant und beklatscht vor Vergnügen seine Oberschenkel.

„Ja, die Gymnastik mit dem Kurschatten trägt ebenso zur Genesung bei wie die Turnübungen am Morgen und das Solebad am Mittag", betont der erfahrene Edward.

Eine weitere Stimme aus dem Gremium fordert nachdrücklich: „Aber beides auf Krankenschein, bitteschön."

„Jo mei", mischt sich Josef aus Bayern ein, schmeißt sich in die Brust und steckt seine Daumen hinter die Hosenträger. Er lässt diese einige Male schnappen und erklärt in kontrolliertem Preußisch: „Sonst hat der arme Depp etwas verpasst in sam Leben."

Grölendes Gelächter.

„Des is unstrittig, de zwoa hom's uns doch grad amoil vor Augen gpführt", argumentiert Josef weiter und verfällt wieder in das Bayrische. „Und sollt anner amoil vor der Himmeltüre stehn und wuill nei, so muss ehm der Petrus zuruck auf'd Erd'n schicken, um des Verposste nachz'holn!"

Allgemeines Gegröle der Zustimmung in der fast schon eingeschworenen Männerrunde.

„Ach Jupp", kommt die prompte Retourkutsche eines Mitstreiters, „dann muss Petrus dir ja Viagra gleich mitgeben, sonst bringst du es doch nicht mehr!"

Damit hat er die Lacher auf seiner Seite.

„Wer den Schaden hat, braucht für den Spott nicht zu sorgen!", kreischt Heidi aus Mitleid für Josef, kommt aber voll auf ihre Kosten.

„Ja, ja, lasst mal gut sein, diese kleine blaue Pille ist wirklich eine tolle Erfindung", nimmt eine weitere ruhige Stimme ihn in Schutz. „Wir in unserem Alter wollen schließlich wenigstens ab und zu auch mal ein bisschen Spaß haben. Wollen doch nicht nur Eintopf essen, wie ihr eben schon so treffend bemerkt habt! Warum also nicht mit den kleinen blauen Dingern?"

Ein erneuter lautstarker Sturm des Lachens, der allmählich abebbt, folgt. Es wird ein wenig ruhiger in der ausgelassenen Männerrunde. Dann aber beschämtes Schweigen. Das Schweigen von weisen Männern? Oder sehnsüchtige Gedanken alternder Draufgänger? Schwelgen in angenehmen Erinnerungen, die lange zurückliegen?

Einige erheben sich wie auf Kommando, nicken entschuldigend in die Runde und machen sich auf zum ruhigen abendlichen Ausklang eines anstrengenden Kliniktages bei einem Glas Bier oder Wein. Nur ein älterer, gepflegter Mann in einem sportlich lässigen dunkelblauen Freizeitanzug mit elegantem Tuch in der Brusttasche bleibt zurück. Er beteiligte sich nicht am allgemeinen Schlagabtausch. Seine Arme ruhen lässig ausgebreitet auf der Rückenlehne. Er schmunzelt vor sich hin und genießt offensichtlich das muntere Treiben der „Jugend" um sich herum. Edward und Josef, 65 und 62 Jahren alt, rücken näher und wenden sich ihm empathisch zu.

„Die Sach koann di überhaupt net mehr tangieren, oder?" Mit dieser Frage bemüht sich Josef um seine Aufmerksamkeit und sieht ihn ernst und mitfühlend an.

„Oh, doch", nickt der Herr unerwartet fröhlich und sieht in das verdutzte Gesicht neben sich. „Denkst du, nur weil ich alt und grauhaarig bin, verstehe ich nichts mehr von der Liebe?"

Erneut betretenes Schweigen.

„I wuill di net zua na kumma", entschuldigt sich Josef und verfällt wieder ins Bayrische.

„In deinem jugendlichem Alter denkst du wohl mit Schrecken daran, dass alles bald ein Ende haben wird", kontert der alte Herr ruhig. „Und dass es für mich, in meinem Alter keinen Sex mehr geben würde?"

Unsicheres Schweigen der beiden „jungen" Männer.

„Wieso? – Wie alt bist du denn?", kommt die neugierige Frage mit leichtem Erschrecken in der nächsten Sekunde. Eine weitere stammelnde Entschuldigung folgt.

„Nein, nein, das ist schon in Ordnung. Ich bin 82 Jahre alt."

Verblüfft fällt Josef die Kinnlade herunter.

„Heilige Jungra", entfährt es Josef, „hascht di guot gholten."

„Danke, junger Mann, man tut, was man kann!", lacht der weißhaarige Herr und unterstreicht seine Aussage mit einer lässigen Handbewegung von der Lehne herab.

„Därf i di amol wos frogen – soag amol – wos Privats?"

„Nur zu, junger Mann", fordert der alte Herr ihn höflich lächelnd auf.

„Geht däs no mit dem ... na jo, mit dem Sex no? Braugst ja nix sagn", schiebt Josef sofort nach.

„Aber natürlich!", bestätigt der alte Herr ohne Umschweife und unterstreicht seine Antwort wieder mit einer großzügigen Handbewegung und spitzbübischem Augenzwinkern. Der Fuß des übergeschlagenen Beines wippt dabei leicht auf und ab. Verblüfft und bewundernd blicken die beiden Männer ihn einige Sekunden lang an.

Heidi und ich schweigen respektvoll zu diesem so ernsthaften Männerthema, sind aber auch über die spontane Offenheit verblüfft.

„Was meinen Sie wohl?", fragt die Seniorität rein rhetorisch und erhebt sich überaus elegant für sein Alter. „Natürlich!" Er lässt eine wirkungsvolle Pause folgen, legt den Zeigefinger auf die Lippen und führt mit Schalk in den Augen aus: „Wenn auch nicht mehr mit der eigenen Frau, aber es funktioniert noch alles – alles, das versichere ich euch!"

Amüsiert lässt er die bewundernden Blicke auf sich wirken.

„Lasst euch nur nicht unterkriegen. Ihr seid doch noch jung, Männer, und habt euer Leben noch vor euch – genießt es mit allen Sinnen!"

Allgemeines betretenes Schweigen und das überlegene Lächeln eines erfahrenen Lebemannes liegen über der Situation.

„Doch lasst euch eins gesagt sein: Handelt immer mit Respekt und Achtung gegenüber eurer Lebenspartnerin und der frischen Liebe."

Er geht ein paar federnde Schritte, öffnet die Tür zum Korridor, wendet sich nochmals um, hebt zum abendlichen Gruß die Hand, lächelt überlegen und lässt eine nachdenkliche Runde zurück.

Wenn einer eine Reise tut ...

Ab und zu schallte spontan ausgelassenes Lachen durch das kleine urige Café, und die beiden Frauen bündelten damit die ganze Aufmerksamkeit der wenigen Gäste auf sich.

„Stell dir mal vor, unser Urlaub war einfach nur spitze!", schwärmte die Frau mittleren Alters am Nachbartisch und lehnte sich entspannt zurück. „Er war auch das reinste Abenteuer für mich."

„Abenteuer? Wieso? Komm, erzähl", forderte ihre Bekannte sie auf, während sie ihre Kaffeetasse zum Munde führte.

„Stell dir vor: Ich, die nie in ein Flugzeug steigen wollte, habe es tatsächlich gewagt!"

„Und hast es offensichtlich auch ohne Blessuren überlebt", stellte die Bekannte amüsiert fest. „Gestaunt habe ich auch über die Logistik. Alles war perfekt geregelt. Wir wurden mit einem Bus zum richtigen Hotel gebracht", betonte die Urlauberin.

„Nicht zu fassen", lachte die Bekannte.

„Bea und ich haben diesen Bus zwar erst suchen müssen, denn wir sprechen schließlich kein Spanisch", setzte die Urlauberin nach.

„Aber dafür brauchst du doch kein Spanisch", erklärte die Bekannte, „denn von der jeweiligen Reisegesellschaft stehen doch die Hostessen am Ausgang bereit, um dich einzuweisen."

„Ja, aber die haben wir erst zu spät entdeckt."

„Und dann wären wir beinahe im falschen Hotel abgestiegen!", gab die Urlauberin beschämt zu. „Doch davon hat uns ein Mitreisender im letzten Moment abgehalten!", sprudelte es nur so aus ihr heraus. „Du kannst dir aber nicht vorstellen, was uns dann im Hotel passiert ist."

„Bei dir kann ich mir fast alles vorstellen", konterte die Bekannte.

„An der Rezeption gab man uns eine Karte, eine Art Bankkarte, die steckt man zuerst in die Zimmertür und schwupp, die Tür öffnet sich. Dieselbe Karte muss dann in einen Schlitz gleich neben der Tür, und wie von Geisterhand geht überall das Licht an." Die Urlauberin quoll fast über vor Begeisterung.

„Nicht zu fassen, was du alles erlebt hast. Und das in deinem Alter!!", foppte die Bekannte lachend.

Die Frau war nicht mehr zu bremsen: „Bea und ich hatten ein Doppelzimmer gebucht", erklärte sie. „Am ersten Abend gingen wir natürlich in die Bar, um einen Cocktail zu uns zu nehmen."

„Das gehört sich auch so!", bestätigte die Zuhörerin, wobei ein leichtes Lächeln ihren Mund umspielte. „Und was ist euch dann Dramatisches passiert?"

„Hör zu."

„Ich bin gespannt."

„Als wir endlich die nötige Bettschwere hatten, zogen wir uns leicht beschwipst zurück, natürlich mit der kleinen Checkkarte in der Hand, denn es war inzwischen dunkel und wir brauchten natürlich Licht im Zimmer", betonte die Urlauberin. „Als wir schließlich zufrieden in unserem Doppelbett lagen, quatschten wir noch eine Weile, wie es echte Freundinnen so machen, doch dann wünschten wir uns eine gute Nacht und drehten uns um. Doch das Licht brannte noch. Bea meinte belustigt, dass im Reisepreis enthalten sei, dass in so einem Fall ein spanischer Camarero kommen würde, um das Licht zu löschen. Aufstehen, um die Karte zu ziehen, wollte keiner mehr von uns beiden."

Verblüfft sah die Bekannte die Urlauberin an und fragte ungläubig: „Wie? Aufstehen? Karte ziehen?"

„Ja, schließlich muss die Karte doch wieder aus dem Schlitz gezogen werden, damit das Licht ausgeht", betonte die Urlauberin ernsthaft. Die Bekannte starrte ihre Tischnachbarin verständnislos an und kugelte sich im nächsten Moment vor Lachen.

„Du brauchst gar nicht so unverschämt zu lachen, denn du bist eine weitgereiste Frau und kennst dich aus in der Welt, aber ich …?"

Plötzlich herrschte betretenes Schweigen. Es war eine Katastrophe zu befürchten. Die beiden Frauen blickten sich abschätzend an und prusteten unerwartet wie auf Kommando los.

„Ja und dann?", fragte die Bekannte nach Luft schnappend und sich die Tränen aus dem Gesicht wischend.

„Wir kabbelten uns noch eine Weile und dann zählten wir aus – wie die Kinder: Ene mene miste, es rappelt in der Kiste …" Wieder brachen die beiden Frauen in tosendes Gelächter aus.

„Und wen hatte es letztlich getroffen?", fragte die Bekannte stockend.

„Mich natürlich", presste die Urlauberin lachend hervor und hielt sich den Bauch. „Ich tapste also zur Zimmertür, entfernte die Karte aus dem Schlitz und legte sie vorsichtshalber auf meinen Nachttisch. Man konnte ja nicht wissen, ob man vielleicht mitten in der Nacht nicht doch noch Licht brauchte. Wir wünschten uns also nochmals eine gute Nacht und versanken in einen herrlichen Urlaubsschlaf. Am nächsten Morgen steckte ich die Karte zunächst wieder in den Schlitz, alle Lampen flammten auf und wir konnten uns fertigmachen. Während Bea duschte, sah ich mich genauer im Zimmer um und was entdeckte ich?", fragte die Urlauberin, rein rhetorisch natürlich. „Richtig, gleich neben unserem Bett sah ich rechts und links je einen

Lichtschalter. Wir hätten also nur unseren Arm ausstrecken müssen, um das Licht zu löschen."

„Das ist doch wieder einmal typisch für dich! Nur dir passieren immer solche kuriosen Dinge. Ich versteh das nicht", murmelte die Bekannte kopfschüttelnd. „Aber: Wenn einer eine Reise tut, dann kann er was erzählen … und herzlich lachen, das erlebe ich auch gerade!"

Die Urlauberin widersprach vehement: „Ja, mit mir wird es eben nie langweilig. Und du hast auch noch deinen Spaß an meinen Erlebnissen!" Dann wischte sie sich die Lachtränen aus dem Gesicht.

Das Geburtstagsgeschenk

Sie waren grundverschieden, diese beiden, aber auch ein Herz und eine Seele. Sie trennten sich nie voneinander und teilten so manches miteinander. Wenn er sie so treu ansah, schmolz sie dahin und konnte ihm nichts, aber auch gar nichts abschlagen und fast alles verzeihen.

Heute war ihr Geburtstag. Sie hatte ein süßes Geschenk bekommen. Eine Schachtel, die furchtbar verführerisch roch. Sie war das Ziel auch seiner Begierde. Doch sie hatte sein Verlangen bereits zur Kenntnis genommen.

„Das ist nichts für dich!", betonte sie dazu überaus selbstsicher, mit dem ausgestreckten Zeigefinger vor seiner Nase herumfuchtelnd.

Die soll nur nicht so siegesgewiss dreinschauen!, dachte er ein wenig beleidigt und verzog sich.

Sie hatte es sich mit der Schachtel gerade vor dem Fernseher gemütlich gemacht, als es an der Tür klingelte. Sie erhob sich, legte die Schachtel auf dem Tisch ab und strebte gezielten Schrittes der Eingangstür entgegen. Er zögerte. Sollte er es wagen? Nein! Doch so eine Chance würde sich so schnell nicht wieder bieten. Sein ganzes Glück lag dort unbewacht auf dem Tisch.

Die rote Schachtel Mon Chéri sah ihn verlockend an. Der Duft zog ihm in die Nase. Er zögerte nur einen kleinen letzten Moment. Dann hopste er elegant mit einem Satz auf den Stuhl, schnappte sich die Schachtel samt Inhalt – wenn schon, denn schon – und verschwand damit unter dem Tisch.

Oh, waren die lecker!, dachte er, und genoss. Diese Köstlichkeiten hatten einen ganz besonderen Geschmack, einfach nur beglückend. Sie stand währenddessen in der Tür und quatschte ausdauernd mit der Nachbarin. Er verlor keine Zeit und verschlang eine Praline nach der anderen. Innerhalb kürzester Zeit waren alle Mon Chéri verschwunden. Zum Schluss leckte er noch die Schachtel aus und den Fußboden ab. Doch was war das? Er fühlte sich gar nicht gut. Ihm wurde plötzlich ganz blümerant. Er wunderte sich, schüttelte mit dem Kopf und wollte in sein Körbchen. Die Beine versagten ihm jedoch ihre Dienste, alles drehte sich. Er schwankte hin und her. Die Möbel kamen auf ihn zu.

Sie hatte ihr Gespräch inzwischen beendet und würde jeden Moment wieder vor ihm auftauchen. Es ging ihm gar nicht gut. Sie sah natürlich sofort, was passiert war.

„Hast du die etwa alle verputzt?", fragte sie, mehr überrascht und besorgt als wütend. Er senkte beschämt den Blick, doch selbst das gelang ihm nicht so ganz, denn die Augen machten auch, was sie wollten. Winselnd schoss er durch das Zimmer, verfehlte gerade so sein Körbchen und stieß mit der Wand zusammen.

„Oh mein Gott", hörte er sie hinter sich ausrufen, während er einen zweiten Anlauf auf sein Körbchen unternahm. Sie überlegte verzweifelt, was zu tun sei. Da fiel ihr der gute Dr. Künnecke ein, sein Tierarzt in allen Lebenslagen. Sie eilte zum Telefon, wählte hastig die Nummer und schilderte ihm die Lage. Doch er blieb völlig ruhig und lachte: „Lassen Sie ihn seinen Rausch einfach nur ausschlafen."

„Aber, aber ...", stotterte sie. „Ich kann doch nicht einfach nur zusehen ..."

„Na, dann sehen Sie eben nicht hin! Morgen ist er jedenfalls wieder nüchtern."

„Kann ich denn gar nichts für ihn tun?", jammerte sie, nicht ganz überzeugt davon, dass sie wirklich einfach nur abwarten sollte. Sie litt regelrecht mit ihm und trug *seinen* Kater vor lauter Sorge in ihrem Kopf.

„Doch", antwortete der Tierarzt und machte eine bedeutungsschwere Pause: „Lassen Sie ihn jetzt auf gar keinen Fall Auto fahren!"

Morgens um 6 ist die Welt nicht in Ordnung

Eigentlich sollte sie ein wenig Sport treiben. Das würde ihr guttun. Immer wieder bekam sie diesen wohlgemeinten Rat. Doch im Grunde hielt sie es eher mit dem guten alten Churchill: „No sports!" Manchmal bekam sie allerdings einen Anflug von Sportlichkeit, ja beinahe einen richtigen Fitnesswahn. Das passierte zwar eher selten. Doch in jenem Sommer ...

... da wollte sie in eine erfolgreiche Fitnesssaison starten. Nur welche Sportart kam in Frage? Gewichte stemmen? Nein, unmöglich. Nordic Walking? Albern! Schwimmen! Ja, das wäre eine überlegenswerte Alternative und bot sich an, denn das Schwimmbad war gleich um die Ecke. Sie brauchte eigentlich nur aus dem Bett zu springen und schon wäre sie im Wasser. Und um es so richtig durchzuziehen, wären die Morgenstunden eher zu nutzen. Also stand schnell fest: Sie wollte es des Morgens versuchen, wenn auch die Hartgesottenen, die ewig Junggebliebenen, die wirklich Strebsamen und Eisernen ihre Runden drehten. Außerdem könnte sie sich diese zum Vorbild nehmen, sozusagen als Motivationshilfe. Ab morgen würden fitte Zeiten heranbrechen, unheimlich bewegliche Momente würden ihr ein neues Lebensgefühl vermitteln.

Gesagt, getan.

Mit Schwung hüpfte sie am nächsten Morgen aus dem mollig warmen Bett, und noch halb im Schlaf zog sie ihren neuen Badeanzug in einem kräftigen Lila an und schlüpfte in die Sandalen. Sportlich, sportlich. Der Vollständigkeit halber zog sie schnell noch einen langen, flatternden Rock und ein legeres T-Shirt darüber. Die neue Badetasche mit den wenigen Utensilien geschnappt, und schon ging es ab in Richtung Freibad. Ihr fester Schritt drückte eiserne Entschlossenheit aus und hätte jeden Zweifler sofort verstummen lassen. Mit einem energischen Pfeifen auf ihren Lippen spornte sie sich selbst an. Schon stand sie vor dem Wasserbecken.

Die Tasche stellte sie betont lässig auf der Bank in der Nähe der Dusche ab, den Sommerrock warf sie elegant über die Lehne, das T-Shirt schickte sie locker flockig hinterher und ... ab jetzt unter die Dusche. Nur nicht zeigen, dass es die erste Schwimmstunde seit Urzeiten war und dass sie die eisige Dusche eigentlich hasste. „Oh Gott!", stöhnte sie. Die Kälte ging ihr durch Mark und Bein, und sie war sich sicher, dass auch die Haarspitzen Gänsehaut trugen.

Freundlich nickte sie den kichernden und winkenden Damen im Wasser zu und erwiderte schließlich ihr heftiges Gestikulieren.

„Mann, die sind ja gut drauf", raunte sie mit einem verbissenen Lachen in sich hinein. Seltsam. Vielleicht verhielt man sich so als Frühschwimmer in einer eingeschworenen Gemeinschaft. Das konnte ja heiter werden. Einige bunte Hauben im Wasser zauberten trotzdem ein Lächeln auf ihr Gesicht. Das sah ja zum Schießen aus!

Jetzt kratzte sie den noch verbliebenen Rest ihres Mutes zusammen und glitt hinein in das eisige Nass. Die ersten Züge waren die schlimmsten, das wusste sie vom Hörensagen. Der ältere Herr auf der äußeren Bahn schien auch eine richtige Frohnatur zu sein. Er schmunzelte über beide Ohren hinweg und legte gleich noch einen Zahn zu. Hatte sie so eine aufputschende Wirkung auf ihn? Dabei hatte sie doch noch gar nichts geleistet. An ihrer Person konnte der plötzliche Vorwärtsdrall also nicht liegen. Oder? Wer weiß. Doch jetzt galt es, die volle Konzentration zunächst auf sich selbst zu richten. Puh, war gar nicht so schlimm, wie sie befürchtet hatte. Die erste Bahn war geschafft, jede weitere würde schon angenehmer werden – so raunte ihr eine innere Stimme aufmunternd zu.

Laut kichernd kamen ihr die eisernen Ladys nun entgegen geschwommen. Sie grüßten überschwänglich herzlich mit einem lauten und besonders zugewandten „Guten Morgen!" Dabei konnte sie sich des Gefühls nicht erwehren, dass sie irgendwie mitfühlend oder sogar mitleidig guckten. Hatten sie ihr Spiel durchschaut? Das fing ja gut an.

Nach einer eleganten Wende kämpfte sie sich über die nächste Bahn. Immer noch vor sich hin kichernd bewegten sich nun die lustigen Damen wieder auf sie zu, und wieder begegneten sie ihr überaus fröhlich. Sie lachten sich geradezu kaputt. Eine von ihnen wies hartnäckig mit den Händen auf ihren Körper und fuchtelte wieder wild mit ihren Armen.

Komisch, dachte sie, *was will die denn nur von mir? Jetzt geht es aber doch ein wenig zu schnell mit der Freundschaft!*

Sie kämpfte sich, innerlich noch verbissener, weiter durch das schon lange nicht mehr so kalte Nass. Die nächste Begegnung mit den fitten Damen verlief schon nicht mehr ganz so lächerlich, aber wieder mit einigen seltsamen Handbewegungen, die absolut nichts mit Schwimmen zu tun hatten.

Komische Gesellschaft, dachte sie bei sich. Und eigentlich reichte es ihr auch schon für die erste Fitnessrunde, denn lustig fand sie das Ganze schon lange nicht mehr. Wo bloß der Kick blieb, von dem alle sprachen? Schwimmen war nicht ihr Ding, diese Sportart würde nicht zu ihrer Fitness beitragen. Tapfer, um ihr Gesicht zu wahren, wollte sie aber noch ein paar Runden durchhalten. Da steuerte eine Schwimmerin mit einer Blumenhaube auf dem Kopf direkt auf sie zu. *Was will die denn?* So viel Nähe konnte sie am frühen Morgen nicht aushalten und wollte flüchten. Doch die Dame gab nicht auf und schwamm dann ein Stück neben ihr her.

„Darf ich Ihnen mal etwas sagen?", begann die Schwimmerin ganz vorsichtig. Hm? Ein konspiratives Treffen im Wasser? Das konnte ja heiter werden.

„Natürlich", lachte sie ihr zugewandt entgegen. Die Seniorin kam noch dichter heran, senkte ihre Stimme und redete leise auf sie ein. In der nächsten Sekunde gefror ihr jedoch das Lachen im Gesicht. Sie hoffte augenblicklich, dass sich der Boden unter ihr auftun würde und sie gnädig verschluckte. Es schien eine wahre Ewigkeit zu vergehen, bis sie wieder einen klaren Gedanken fassen konnte und sie zu einer bewussten Handlung befähigte. *Ich glaube, ich träume*, dachte sie. Wo war das Rohr mit der kräftigen Absauganlage, das sie im nächsten Moment wieder in ihr gemütliches Bett flutschen ließ? In ihrer unendlichen Peinlichkeit wäre sie am liebsten abgetaucht, um erst am Ende der Welt wieder aufzutauchen. Stattdessen hämmerte es unaufhörlich und penetrant laut in ihrem Kopf.

„Sie haben Ihren Schlüpfer noch an!"

Reflexartig blickte sie an sich herunter. Tatsächlich, sie trug einen schlichten weißen Schlüpfer über ihrem farbigen Badeanzug – wie kontrastreich! Ein „Danke" stotterte sie gerade noch und glitt dann wie hypnotisiert durch das Wasser dem Rand des Beckens entgegen. Während sie sich mit einer Hand festhielt, zerrte die andere an dem überflüssigen Kleidungsstück. Endlich war er auch über den zweiten Fuß hinweg. Sie drückte und knetete ihn in ihren Händen so unerbittlich, doch so klein wie sie ihn gern gehabt hätte, wollte er einfach nicht werden, geschweige denn einfach verschwinden.

Wie konnte das passieren? In ihrem Eifer und noch im Halbschlaf hatte sie einen x-beliebigen Schlüpfer gegriffen und ihn aus Gewohnheit einfach nur übergestreift. Wenn sie wenigstens einen aufreizenden Spitzenslip erwischt hätte! *Raus, nur weg hier,* war ihr einziger Gedanke, doch das blamable Kleidungsstück löste sich nicht in Wohlgefallen auf. So blieb ihr nichts anderes übrig, als mit dem zusammengewrungenen Corpus Delicti in der Hand auszusteigen, ihre Sachen zu schnappen und in der Umkleide zu verschwinden. Mit einem tiefen Seufzer sank sie auf die schmale Holzbank nieder.

„Nie wieder! Nie wieder Schwimmen, erst recht nicht als Frühschwimmer! So eine Schnapsidee!", schwor sie sich. Sie würde es weiterhin mit Churchills Motto „No sports!" halten und zufrieden, stressfrei und erst recht ohne Blamage durch das Leben gehen.

Schuhe für den Kleinen Muck

„Wir brauchen richtige Schnabelschuhe für unsere Darsteller!", forderte eine Schauspielerin der Theatergruppe lautstark. „Ohne Schnabelschuhe kann ein orientalisches Märchen doch nicht aufgeführt werden."

„Stimmt, aber woher sollen wir die nehmen und nicht stehlen!", fragte ein weiterer Mitspieler zweifelnd. Auch für Elke war völlig klar. Es mussten Schnabelschuhe für die Darsteller her. Sie lief auf der Bühne auf und ab und überlegte krampfhaft, wer der Theatergruppe solche Schnabelschuhe zur Verfügung stellen könnte oder vielleicht sogar spenden würde.

„Ich glaube, ich habe neulich welche gesehen", meldete sich Rita. „Ich bin mir nicht sicher, aber ich meine, in der Meinolfstraße, gleich bei der Metzgerei Wiechers, da hatten sie nebenan …"

Doch das hörte Elke in ihrer Begeisterung schon nicht mehr und stürmte los. „Einen schönen Abend noch!", rief sie und war weg. Gleich morgen früh wollte sie sich aufmachen in die Meinolfstraße zu Wiechers, damit ihr keiner die ersehnten Schnabelschuhe vor der Nase wegschnappen würde.

Am nächsten Morgen betrat Elke voller Elan und in der festen Überzeugung, gleich zehn paar Schnabelschuhe zu besitzen, die Metzgerei. Sie sah sich suchend um, konnte aber außer Fleisch- und Wurstwaren nichts entdecken, was Schnabelschuhen ähnlich sah. Nur zu gern hätte sie schon mal einen Blick auf die Schuhe geworfen, so neugierig wie sie war. Ein älterer Kunde befand sich noch im Verkaufsraum, war aber bereits im Gehen begriffen. Also war sie auch gleich dran. Wie die junge Verkäuferin wohl ihren etwas ungewöhnlichen Wunsch aufnehmen würde?

„Sie wünschen bitte?"

Elke wurde freundlich in die Realität zurückgeholt.

„Meine Freundin hat bei Ihnen im Schaufenster gestern Schnabelschuhe gesehen. Die hätte ich gern – alle, bitte", forderte Elke selbstsicher. „Wissen Sie, wir spielen nämlich Theater, das Stück vom Kleinen Muck. Und dafür benötigen wir richtige Schnabelschuhe", schob sie noch erklärend nach, denn sie bemerkte das kurze Stutzen der Verkäuferin.

„Wir – wir – ", begann die Verkäuferin stotternd und wand sich wie ein Aal. „Wir haben keine Schnabelschuhe. Wir sind doch eine Metzgerei und kein Schuhgeschäft." Sie war höflich, aber völlig irritiert.

„Vielleicht aber im Schaufenster oder so?" Elke ließ sich nicht so leicht abspeisen.

Die Verkäuferin sah ihre Kundin verdutzt an und vergewisserte sich noch einmal: „Meinen Sie wirklich Schnabelschuhe? Hier – bei uns??"

Der andere Kunde verharrte in seinem Vorgang, die Geldscheine einzuschieben, und starrte Elke ebenfalls staunend, aber auch etwas amüsiert von der Seite an.

Die gucken mich an hier, als hätte ich einen an der Klatsche, dachte Elke ärgerlich. Gestern hatten sie doch noch Schnabelschuhe – im Schaufenster, wie meine Freundin mir versicherte.

Elke versuchte erneut, die Verkäuferin davon zu überzeugen.

„Ich will wohl gern mal eben die Chefin fragen, vielleicht habe ich es ja nicht mitbekommen", räumte die Verkäuferin hilfsbereit ein und verschwand durch die Schwingtür nach hinten. Jetzt wurde es aber spannend. Der Kunde verharrte noch immer in seiner Handlung, und was er dachte, konnte man an seiner Stirn ablesen: *Die be-*

kloppte Alte will doch tatsächlich in einer Metzgerei Schuhe kaufen! So was gibt's doch wohl nicht, die muss nach de Klappse!

Er schüttelte den Kopf und wollte sich offensichtlich das Schauspiel nicht entgehen lassen. Kurze Zeit später kehrten die beiden Frauen zurück.

„Schnabelschuhe hatten wir ganz bestimmt nicht", ging die Chefin gleich in die Offensive.

„Wir sind doch eine Metzgerei und kein Schuhladen!", setzte die Verkäuferin nach.

„Versuchen Sie es doch mal in einem richtigen Fachgeschäft für Schuhe", mischte der Kunde sich helfend ein.

„Nein, nein, meine Freundin hat die gestern bei Ihnen doch noch gesehen", behauptete Elke steif und fest. „Ich habe den Tipp mit den Schuhen doch von ihr!"

„Nein, nein, wir hatten nie Schnabelschuhe und werden zukünftig auch keine haben", wiederholte die Chefin nun etwas energischer.

„Wir haben Eisbein, Schweinefüße, Ochsenzungen usw. aber bestimmt keine Schnabelschuhe", betonte auch die Verkäuferin. Elke verstand die Welt nicht mehr und verließ enttäuscht und ratlos das Geschäft. Vor der Tür warf sie eben noch einen Blick ins Schaufenster, das nur mit Artikeln vom Fach dekoriert war.

Zutiefst enttäuscht und auch ein wenig wütend zog sie ihr Handy aus der Tasche und ließ erst mal bei Rita Dampf ab, ohne diese zu Wort kommen zu lassen. Dann wollte sie Timo, den Leiter der Spielschar, anrufen, um ihn über den Fehlschlag zu unterrichten. Doch bei ihm war ständig besetzt. Wütend behielt sie diese Info also zunächst für sich.

Doch als sie ihn zu vorgerückter Stunde endlich telefonisch erwischte, legte sie ohne ein Wort der Begrüßung gleich los: „Stell dir mal vor, bei Wiechers gibt es keine

Schnabelschuhe! Rita hat sie aber doch gestern noch gesehen! Das verstehe ich einfach nicht." Timo feixte. Gut, dass sie ihn nicht sehen konnte.

„Du warst also bei Wiechers?", fragte er scheinheilig nach.

„Ja klar, hab' ich doch gerade gesagt. Bei denen hat Rita doch diese Schnabelschuhe gesehen!" Timo blieb ganz sachlich: „Reg dich nicht auf, liebe Elke, wir finden schon eine Lösung." Elkes Ärger steigerte sich aber noch proportional zu seiner Ruhe.

„Komm morgen einfach zur Probe, dann suchen wir gemeinsam einen Weg!", erwiderte Timo leichtfertig.

„Wie kann der nur so ruhig bleiben?", fragte Elke sich ungnädig und schüttelte den Kopf.

Mit Timo aber gingen inzwischen das Temperament und seine Kreativität durch. Er hatte sich sofort in seinen Schreibtischstuhl geschwungen und seinen Computer geweckt, sodass alles Schöpferische frei durch seine Finger fließen konnte.

Am folgenden Abend erschienen alle Mitglieder der Theatergruppe weit vor der vereinbarten Probenzeit. Sie erhielten von Timo eine kurze Regieanweisung und wandten sich ihrer Rolle zu, obwohl sie sich vor lauter Schadenfreude kaum auf ihre Texte konzentrieren konnten. Es knisterte buchstäblich.

Dann erschien Elke, leicht abgehetzt, entledigte sich ihrer Sachen und stürzte auf die Bühne. Timo begrüßte sie außergewöhnlich fröhlich und hielt ihr von weitem einen Flyer entgegen: „Hey Elke. Guck mal, was ich da habe, unsere Aufführung ist gerettet. Die haben nämlich wieder Schnabelschuhe reinbekommen!"

„Siehhhste, wusste ich doch! Jetzt ham se se wieder!", lachte Elke und stampfte kibitzig mit dem Fuß auf. Damit war die Welt für einen kurzen Moment wieder in Ordnung.

„Die haben mich gestern doch glatt belogen! So etwas lasse ich nicht mit mir machen! Ich geh da morgen wieder hin und erzähle denen mal ein paar Takte", empörte Elke sich. „Von wegen: bekloppte Alte! Denen werde ich es zeigen."

Sie blickte zunächst flüchtig auf den Flyer, den Timo ihr entgegenhielt. „Neu eingetroffen", las sie in aller Eile. „Wieder Schnabelschuhe im Angebot", stand da in großen bunten Lettern. Mit anteilnehmenden, ernsten Gesichtern hielten die Theaterfreunde ihre Flyer hoch und wiederholten unisono das Angebot der Metzgerei – stimmengewaltig. Doch es war zu spät.

In diesem Moment fiel es Elke nämlich wie Schuppen von den Augen: Sie, die sonst immer allen anderen vorauseilte, schnell begriff und alles sofort durchschaute, hatte die Schnabelschuhe in der kleinen Schneiderei gleich neben der Metzgerei nicht gesehen, obwohl das unscheinbare Schaufenster orientalisch dekoriert war und gleich neben der Haustür lag. Jetzt wäre sie am liebsten durch eine Falltür verschwunden. Doch sie musste ja ehrlich zugeben: Schnabelschuhe in einer Metzgerei zu bestellen, klingt wirklich irgendwie verrückt.

Eine literarische Toilette

„Wo bitte ist hier die Toilette?", frage ich meine Gastgeberin.
„Gleich da hinten links", bekomme ich zur Antwort und marschiere los. Ich öffne die Tür zu einem – auf den ersten Blick – normal ausgestatteten Badezimmer. Sofort entdecke ich die Toilette und strebe gezielt darauf zu, denn mein Bedürfnis ist dringend. Ich lasse mich aufatmend nieder, und mein Blick fällt auf Margot Käßmann direkt vor mir, zu meinen Füßen.

Na ja, mit so einer berühmten Frau auf dem Klo – das hat was, denke ich, ergreife das Buch, blättere darin und bleibe bei der „Stille" hängen. Jemand erklärt in diesem Kapitel, er habe schon lange nicht mehr solche Stille erlebt.

Na, mein Erlebnis der Stille ist auch schon etwas länger her, denke ich und fühle mich verstanden. Als Mutter von zwei temperamentvollen Kindern flüchte ich regelmäßig ins Bad oder gleich unter die Dusche, wenn ich einfach einmal meine Ruhe haben will oder wenn ich nachdenken muss, wenn ich wieder einmal herunterkochen soll oder kreative Einfälle brauche. Ich kann diese Frau in dem Buch gut verstehen und lese weiter. Die Geräusche vor dem Badezimmer, verursacht durch den allgemeinen Trubel im Haus, entziehen sich mehr und mehr meiner Aufmerksamkeit und ich entspanne mich mit einem Buch auf einer fremden Toilette. Welches Familienmitglied wohl sonst in diesem Buch blättert und dadurch Erbauung findet?

In dieser Überlegung schweifen meine Gedanken ab, denn meine Aufmerksamkeit wird jetzt von Asterix und Obelix magisch angezogen. Die beiden besuchen zunächst Spanien, schließlich dann auch noch Belgien und leisten mit einem ganzen Dorf Widerstand gegen die angreifenden

Römer. Beide Hefte sehen ziemlich zerfleddert aus, arg zerlesen. *Bestimmt die Klolektüre des 10-jährigen Filius!*, konstatiere ich und lasse die Seiten der Hefte durch meine Finger gleiten, hier und da lese ich ein paar Sprechblasen. *Sie werden das literarische Erbe seines Vaters sein!*, schmunzle ich und will sie zurücklegen.

Doch siehe da. Unter den beiden Heften kommt nun ein Reiseführer zum Vorschein. Interessiert greife ich zu. Andalusien ist also das nächste Urlaubsziel der Familie. Oder? *Darüber haben sie noch gar nicht gesprochen*, denke ich und schlage wahllos eine Seite auf. Stiere auf einer unendlichen, sattgrünen Weide blicken mich herausfordernd an. Mit Begeisterung und vielen Wiedererkennungsäußerungen wie „Oh ja", oder „War toll damals" vertiefe ich mich in die Schilderungen über Gibraltar, Jerez de la Frontera, Malaga usw. Ich muss mich regelrecht loseisen, um zu den anderen Gästen zurückzukehren. Sie werden mich allmählich vermissen. Ich will nicht, dass meine Abwesenheit auffällt, und außerdem rüttelte es schon zwei Mal an der Tür.

Im Aufstehen entdecke ich gleich neben mir, auf dem Badewannenrand hängend, eine Seite der aktuellen Tageszeitung mit den Veranstaltungstipps. Ich überfliege mögliche Alternativen zum heutigen Abend, doch ich glaube, ich hatte bereits ausreichend Abwechslung an diesem Tage. Doch unter der Zeitungsseite lugt der Johann hervor, der gute von Goethe, ach nein, der ist auch auf dem Klo? Der arme Tor ist wohl die derzeitige Oberstufenlektüre der ältesten Tochter des Hauses. Oder? *Na ja,* überlege ich, *auch der Hausherr liebt den Dr. Faustus.* Und auch ich kann es nicht lassen, begrüße ihn kurz mit einigen Leseproben und entdecke dabei viele handschriftliche Notizen am Rand sowie einige gemarkerte Textstellen.

Doch dann lege ich auch das gelbe Heftchen kurz entschlossen wieder auf dem Rand zurück und verlasse entspannt das Badezimmer.

„Wo kommst du denn her?", fragt mich meine Tochter mit einem Blick auf die Tür, natürlich rein rhetorisch. „Ich hab dich verzweifelt gesucht!"

„Na, und jetzt gefunden, und wirkst dabei gar nicht verzweifelt", antworte ich schmunzelnd und nestle verlegen an meinem Gürtel herum, denn meine Gastgeberin schaut mich kritisch von der Seite an. „Ich hatte mir schon Sorgen gemacht und befürchtete schon, dass du reingefallen bist!", sagt sie mit einem verständnisvollen Unterton.

„Nein, es war nur so unheimlich interessant, sodass ich mich nicht so schnell losreißen konnte", antworte ich lachend.

„Ja, für jeden ist etwas dabei – also jedem das Seine", lacht nun auch sie, legt ihren Arm um meine Schultern und zieht mich mit sich.

„Ja, ihr habt wirklich eine überaus literarische Toilette, da kann man es schon mal etwas länger aushalten!"

Man glaubt es kaum

Die Männer brüteten über ihrem Spiel. Ab und zu waren fragmentarische Bemerkungen zum Spielverlauf oder kurze Spielanweisungen zu hören. Auf dem Tisch standen Bierflaschen in Reichweite sowie Knabbereien und Kanapees zur Stärkung. Es herrschte konzentriertes Schweigen, Bedeutsames lag in der Luft. Beißende Stille. Und ganz plötzlich kam Leben in die eingeschworene Gemeinschaft. Heinz legte mit einem langgezogenen Pfiff seine Karten ab, er hatte diese Partie für sich entschieden, eine Last schien von den Männern abzufallen. Er lehnte sich entspannt zurück, streckte sich, hob die Hände über den Kopf und tönte: „Hey Leute, mal was ganz anderes: Aber ihr werdet es kaum glauben, ich freue mich schon heute auf unsere Tomatenernte. Die werden bestimmt wieder ein Traum – wie im letzten Jahr! Na ja, bei der Pflege! Meine Frau widmet sich nur noch ihren Pflanzen!"

Heinz war nicht mehr zu bremsen. Lachen dröhnte durch den Raum.

„Du bist wohl eifersüchtig auf die Tomaten, die so viel Aufmerksamkeit auf sich ziehen, da bleibt nichts mehr für dich!", alberte Klaus ein wenig verächtlich.

„Dabei sind sie doch gerade erst gepflanzt worden", lachte Thorsten.

„Oh, sie haben bereits Blüten angesetzt!", entgegnete Heinz betont.

„Na ja, das muss man deiner Frau lassen, sie hat ein Händchen für die Pflänzchen!", bestätigte Klaus.

„Ja das stimmt, sie erntet immer die dicksten und leckersten Tomaten weit und breit", bestätigte Thorsten.

„Nein, das kann nicht sein!", ließ Peter laut und vernehmlich in die Runde fallen.

„Wieso?", wandte sich Heinz an seinen Spielpartner. „Pflanzt deine Frau auch Tomaten?"

Peter blieb ernst, sehr ernst, nahm nebenbei die Karten auf und antwortete sachlich: „Du wirst es kaum glauben, aber bei uns bin ich für die Tomaten zuständig!"

Verdutzt richtete die Runde ihren Blick auf Peter und brach dann in kollektives Gelächter aus.

„Du und Tomaten! – Die halten es bei dir doch nicht aus! Die gehen doch eher ein unter deinen Händen", grölte Klaus.

„Und ihr werdet es auch nicht glauben, aber die dicksten Tomaten weit und breit ernte ich! Außerdem schmecken sie überaus aromatisch!" Diese selbstgefällige Äußerung löste eine erneute Welle der Heiterkeit aus und sorgte für entsprechende Bemerkungen.

„Wetten, dass ich die dicksten Tomaten ernten werde, die ihr je gesehen habt!", forderte Peter seine Kameraden heraus.

„Okay, wir werden den Wachstumsprozess genau dokumentieren", bemerkte Klaus ernsthaft.

Typisch Buchhalter, muss alles schwarz auf weiß haben, dachte Peter.

„Das nächste Treffen findet also bei Peter statt, damit wir die Früchte begutachten können", legten die Kumpel fest.

„Ihr werdet euch wundern", kündigte Peter an und nahm die Herausforderung gelassen an.

Die Vorbereitungen für eine hervorragende Tomatensaison hatte Peter bereits lange vor der Pflanzzeit getroffen. Zwanzig grüne Heringe hatte er auf dem Markt bei der netten Frau am Fischstand erworben und legte sie in der Gefriertruhe bereit. Die Marktfrau hatte doch ein wenig dumm geguckt und schließlich neugierig nachgefragt, was er mit zwanzig grünen Heringen wollte. Hatte er nicht vor kurzem noch verlauten lassen, dass er überhaupt keine Heringe mag? Peter spannte sie nicht lange auf die Folter und erklärte der Marktfrau bereitwillig den Prozess der Tomatenzüchtung.

Sie lachte und wetterte gleich darauf los: „Dafür missbrauchst du Halunke meine schönen grünen Heringe!!! Für diesen Frevel bekomme ich eine Tomate deiner Ernte!"

„Versprochen. Doch du darfst meiner Kartenrunde nichts verraten!"

„Versprochen." Und damit war ein geheimer Pakt geschlossen.

Peter besorgte noch den unabdingbaren frischen Pferdemist und setzte seine Pflanzen in liebevoller Art und Weise in ein gut präpariertes Loch in der Erde unter das Vordach des Gewächshauses. Er besprach sie, goss sie zweimal täglich mit kalkfreiem Regenwasser behutsam von der Seite, schützte sie vor Regen und direkter Sonneneinstrahlung und untersuchte die Blätter sorgsam auf Schädlinge. Die Pflanzen wuchsen und gediehen prächtig.

Als die Pflanzen Früchte ausbildeten, kam der eine oder andere Spielpartner unangemeldet zur Kontrolle vorbei. Bis dahin deutete sich keine Superernte an und die Kameraden fingen an zu lästern. Sie vermuteten auch fiese Tricks, denn schließlich kannte man sich schon fast ein Leben lang. Doch Peter ließ sich nicht verunsichern. Er umsorgte seine Tomaten, die kräftige und gesunde Früchte angesetzt hatten, und fotografierte das fortschreitende Wachstum. Doch sie waren laut Protokoll noch nicht größer als die von Heinz. Doch von nun an färbten sie sich schnell rot und legten fast täglich an Gewicht zu. Sie schienen über Nacht in ihrem Wachstum zu explodieren. Allmählich bekamen es die Freunde regelrecht mit der Angst zu tun. War ihr Freund mit einem Zauber belegt? War Magie im Spiel? Schlief er vielleicht bei seinen Tomaten? Sie wuchsen, waren dick und rund und inzwischen eine wahre Augenweide – und eindeutig größer als die Tomaten von Heinz bzw. seiner Frau.

Die sommerliche Spielrunde nahte und damit die alles entscheidende Bewertung. Die Freunde stürmten gleich zu den Tomaten in den Garten, mit Küchenwaage und Maßband in den Händen, die vergangenen Aufzeichnungen bereithaltend. Sofort war ein bewunderndes „Pooh!" oder „Ohh!" zu hören. Das konnte nicht mit rechten Dingen zugehen. Doch die Dokumentation mit den Bildern, den Maßen und Gewichten belegten, dass es sich um besondere Tomaten handeln musste.

„Hey Peter, das kann nicht mit rechten Dingen zugehen!", vermutete Heinz und kratzte sich am Kopf.

„Verrate uns dein Geheimnis!", drängte auch Thorsten.

„Meine Tomaten bekommen grüne Heringe und Pferdemist", eröffnete Peter den erstaunten Freunden. „Willst du uns verarschen?", kommentierte Klaus etwas derb und spontan Peters Geständnis.

„Schmecken die Tomaten dann auch nach Fisch?", fragte Heinz ungläubig „Oder schwimmen sie damit gar?!", setzte er nach.

„Oder wiehern sie vielleicht?", fiel Thorsten lakonisch ein.

Daraufhin gab es zunächst eine Kostprobe von der erfolgreichen Tomatenernte. Die Freunde wälzten die Tomatenstückchen skeptisch im Mund hin und her, doch es war kein Fischgeschmack auszumachen. Peter verriet nun seinen neugierigen Freunden das Geheimnis seiner Wundertomaten: „Zunächst grabe ich ein ausreichend großes

Pflanzloch, in das ich zuerst Pferdemist gebe. Dann lege ich darauf einen grünen Hering. Erst jetzt setze ich die Tomatenpflanze hinein und umgebe sie mit ausreichend Erde. Und dann begieße ich sie und lasse sie einfach nur wachsen. Ihr habt meine Tomaten probiert und sie schmecken weder nach Fisch ..."

„... noch nach Pferdemist!", ergänzte Thorsten.

„Man kann es kaum glauben", bemerkte Heinz noch immer fassungslos. „Das ganze Geheimnis sollen grüne Heringe und Pferdemist sein?!"

Der Sieger des Tomatenwettbewerbs stand jedenfalls fest.

Junge Eltern untereinander

Ein Chat ist eine moderne, aber wunderbare Erfindung. Junge Eltern erhalten auch über WhatsApp aktuelle Unterstützung durch ein weites soziales Netzwerk, denn sie haben ständig Kontakt mit vielen mehr oder weniger kompetenten Mitmenschen.

Manuela erwartet in Kürze ihr erstes Kind. Junge Eltern, in WhatsApp vereint, begleiten die werdende Mutter in freudiger Erwartung und haben natürlich viele kluge Ratschläge und interessante Tipps für die werdende Mutter parat, deren Ungeborenes sich im Sitzstreik befindet. Es geht Schlag auf Schlag, eine WhatsApp-Nachricht jagt die nächste. Ich gehöre auch zu dieser Gruppe. Mein Handy ruft also, als sich eine Nachricht ankündigt, die unbedingt gelesen werden will. Die Gruppe „Familie in der Gründungsphase" ist aktiv. Ich bin natürlich neugierig, habe mich eingeklinkt und starre gebannt auf das Display.

Ich sehe, dass Sabine schreibt: „Schön, dass du dich meldest, Manu. Wie geht's dir so? Was macht das Baby?"

Die werdende Mutter antwortet sofort – im Telegrammstil natürlich: „Ab und zu sind Hände taub. Baby ist noch im Sitzstreik. Also verkehrt herum. Sonst alles super!"

Kerstin ist dabei und fragt: „Sag mal, Sabine, hast du nicht erzählt, dass man dem Baby den Weg nach unten mit einer Taschenlampe am Bauch zeigen kann? Irgendwer hat das mal gemacht, weil das Baby falsch rum lag, mir fällt's bestimmt wieder ein."

Ingo lacht, ich kann ihn fast hören: „Ha, ha, ha!", und schickt entsprechende Smileys los. Wo er die wohl auf die Schnelle her hat?

Manuela bestätigt: „Ja? Davon habe ich auch schon gehört!"

Mein Handy schweigt, offensichtlich denken die Familien darüber nach, ob die Vorgehensweise mit der Taschenlampe zum Erfolg führen könnte? Ich sehe im Geiste den Lichtkegel der Taschenlampe über dem gewölbten Bauch hin und her schweben und muss bei der Vorstellung herzlich lachen. Wie das wohl weitergehen mag? Das Handy ruft, eine neue Nachricht ist angekommen. Es geht also weiter.

Da bringt sich Gabi ein. Sie hat auch eine Idee, um dem Baby in die Startposition zu verhelfen: „Eine Glocke oder eine Spieluhr zwischen den Beinen der Mutter soll ein Baby auffordern, sich umzudrehen."

Doch Ingo meint stattdessen: „Schokolade soll ebenfalls helfen – habe ich gehört."

Manuela antwortet prompt: „Schokolade essen hilft!!!??? Na prima, dann fange ich sofort damit an!"

Ingo daraufhin: „Nee, nee!!! So war das nicht gemeint. Die Schokolade vor den Ausgang legen, also locken."

Manuela antwortet entrüstet: „Was für eine Verschwendung!! Essen ist viel verlockender. Außerdem soll sich das Baby drehen und nicht eben mal einen Arm rausstrecken, sich flugs die Schokolade mopsen und wieder verschwinden!"

Da mischt sich Kerstin ein: „Uff. Nein ...!!! Taschenlampe wirkt bestimmt und macht auch nicht dick. Und so soll das funktionieren: Den Lichtstrahl einer kräftigen Taschenlampe natürlich von außen am Bauch von oben nach unten, also in Richtung Ausgang beleuchten. Das soll wirklich helfen."

Sabine ist wieder mit von der Partie: „Ja, ja, du willst ihm wohl schon vor der Geburt das Lesen beibringen?

Typisch Kerstin! Das Baby soll es sich nicht gemütlich machen da drin, es soll sich nur drehen. Ist das denn zu viel verlangt von so einem kleinen Wesen? Es kann doch nicht jetzt schon machen, was es will!"

Ingo schreibt besänftigend: „Also doch die Methode mit der Spieluhr probieren!"

Manuela setzt sich offensichtlich noch mit der Taschenlampenmethode auseinander: „Das war kein Scherz!? Das mit der Taschenlampe?!" Diese Vorgehensweise scheint ihr eher zu gefallen.

Kerstin bestätigt: „Nein, kein Scherz. Das hat eine mal gemacht. Mit Erfolg!"

Sabine hat Fantasie, denkt nur an das Baby und schreibt: „Sieht sicherlich lustig aus, die Taschenlampe über dem dicken Bauch schwebend. Vielleicht sollte sich das Baby noch mit einer Sonnenbrille ausrüsten, denn wenn es plötzlich so hell wird, werden die Augen vielleicht geschädigt!"

Gaby regt sich auf: „Schokolade!!! Pure Verschwendung, sehe ich auch so!! Hilft bestimmt mehr, wenn die Mama sie isst." Nach kurzer Unterbrechung fährt sie fort: „Aber geh doch mal mit einem Glöckchen oder einer Spieluhr zwischen den Beinen zum Einkaufen in den Supermarkt. Das wird bestimmt lustig, bringt viel Spaß und hilft ganz sicher, könnte ich mir jedenfalls vorstellen!"

„Na ja ...", mischt sich jetzt auch noch Jakob, der Vater des streikenden Babys ein: „Ich weiß nicht, ob die Manu das so lustig findet, wenn zwischen ihren Beinen *Guten Abend, gute Nacht* erklingt, vielleicht ist Helene Fischer ja eher angesagt! Oder vielleicht der Grönemeyer?!"

„Ihr habt wohl Späßchen was", stellt Manuela fest und fragt sich: „Wem soll diese Methode eigentlich helfen?"

Karin meldet sich: „Ich kann auch mitreden: Akupunktur soll ebenfalls helfen. 'ne Nadel in den kleinen Zeh und schon geht's rund."

Lothar, offenbar der Opa, wirft ein: „Dieser ganze Zirkus bringt doch eh nichts! Macht es einfach wie in der Werbung. Überliste dein Kind!!"

Manuela fragt neugierig nach: „Und wie machen die das in der Werbung?"

Karin erklärt: „Die werdende Mutter liegt zunächst entspannt auf einer Liege. Der Vater in spe sitzt daneben und isst Chips, offenbar als Nervennahrung. Das Baby hechtet immer hinter der Tüte her, denn der Vater kreist damit über dem gewölbten Bauch der Mutter und will absolut nichts abgeben."

Manuela fasst zusammen: „Dann dreht sich das Baby ja ständig, wenn es hinter der Chipstüte hinterherhechtet! Das hört sich erfolgversprechend an!"

Karin antwortet: „Es kommt noch besser. Die werdende Mutter ist es leid, dass der Vater mehr mit der Tüte Chips beschäftigt ist, als auf sie zu achten. Da schnappt sie sich wütend die Tüte Chips und wirft sie an die gegenüberliegende Wand. Das Baby verlässt spontan seine Höhle, hechtet hinterher, rettet die Tüte Chips und ist geboren, so ganz nebenbei."

Sabine ist begeistert: „Mensch Jacob, ist das nicht eine coole Idee? So ganz stressfrei für alle. Mag deine Frau Chips?"

Jacob antwortet: „Ich glaube schon."

Eine Pause folgt.

„Spricht man dann von einer Spontangeburt?", will Jacob wissen.

Sabine: „Ja richtig, Jacob, du hast es erfasst!"

Manuela scheint genervt, protestiert: „Bin schon zum *Moxen* bei der Hebamme, die hält eine Beifuß Zigarre an den kleinen Zeh. Und turnen tu ich auch noch. Ich esse Leinsamen, Tomaten, alles leicht gegart, da wäre mir eine Spontangeburt nur recht."

Karin kommt nun noch mit einer psychologischen Erklärung um die Ecke: „Wenn ich das Baby wäre, würde ich es auch so spannend machen, bei dieser gebündelten Aufmerksamkeit, die mir von allen Seiten entgegengebracht würde. Ich wäre doch dumm!"

Manuela jammert nochmals kurz: „Aber das Baby sitzt wie ein Buddha in meinem Bauch, lacht mich wahrscheinlich aus und macht keine Anstalten, sich zu drehen."

Es kommt ein guter Zuspruch von Karin: „Na, dann wird es eben ein Buddha!! Hauptsache, es wird was und es ist gesund! Alles hat seine Zeit. Lass ihm seine Zeit!"

Manuela fasst zusammen: „Ich tu, was ich kann: Schokolade essen, ab und zu Musik vorspielen, *Moxen*, Taschenlampe auf den Bauch, Chips essen und darauf vertrauen, dass sich unser Baby von selbst dreht bzw. hier in der häuslichen Umgebung zur Welt kommen möchte."

Karin antwortet: „Dann vertrau deinem Baby, es macht alles richtig! Und wenn es als Buddha auf die Welt kommen möchte, wird es das auch tun! Schon Babys machen, was sie wollen."

Der Chat schweigt – und es bleibt spannend.

Pferderennen auf Libori!

Gebannt stehe ich vor der Bude und verfolge fasziniert das Geschehen. Die zierliche alte Dame neben mir rollt die Kugel gleichmäßig hinauf über die schiefe Ebene und ... siehe da, das blaue Loch verschluckt diese. Gleich darauf taucht sie unterirdisch wieder vor der alten Dame auf und wird erneut mit einem eleganten Armschwung hinauf gen Löcher gerollt. Die Dame lächelt zufrieden, als auch die nächste Kugel geradewegs in einem roten Loch verschwindet. Ich stehe neben ihr, beobachte sie und staune nicht schlecht.

„Machen Sie mal mit!", fordert sie mich auf. „Ganz ruhig rollen, mein Liebchen", so gibt sie mir die direkte, klare Anweisung von der Seite.

Ich habe die Bahn neben ihr in Beschlag genommen. Und wirklich, eine Kugel nach der anderen verschwindet in einem der Löcher oberhalb der Abtrennung.

„Mit dem ganzen Körper in fließenden Bewegungen die Kugel anschubsen", flötet sie wieder von links und vollführt einen kleinen Tanz mit einem eleganten Hüftschwung. Sie freut sich wie ein Kind, zappelt hin und her und strahlt mich an, als ihre Kugel erneut in einem blauen Loch verschwindet, um gleich darauf wieder vor ihr aufzutauchen.

„Schafft es die Zwei oder aber die Neun?", ertönt die Stimme aus dem Lautsprecher. Erneut rollt eine Kugel die schiefe Ebene hinauf und – verschwindet. Die Nummer Fünf hoppelt mehr, als dass sie galoppiert, ein gutes Stück dem Ziel entgegen.

„Immerhin – der zweite Platz!"

Die alte Dame jubelt strahlend und die Falten in ihrem Gesicht werden noch tiefer.

„Vielleicht gewinnt mein lahmer Gaul auch endlich mal!", kichert sie voller Hoffnung. „Ich probiere es schon so lange!" Dabei öffnet sie ihr Handtäschchen, zieht ihre dicke Geldbörse heraus, entnimmt ihr ein Geldstück und legt es auf den Tresen. Im Nu wird daraus ein Spielchip.

„Es geht weiter, mein Liebchen", kommt ihr Kommando. „Los!"

Wieder rollt eine Holzkugel gen Löcher und dann die nächste und eine weitere ...

„Oh, schade!", höre ich von der linken Seite. Mit tiefer Enttäuschung in der Stimme schüttelt sie ihren Kopf und ergreift erneut eine Kugel. Dieses Mal rollt sie die Holzkugel ein wenig schwungvoller und verbissener.

„Erst läuft es immer ganz gut und ich denke, ich könnte gewinnen, aber kurz vor dem Ziel klappt einfach nichts mehr", schimpft sie verärgert und droht lachend ihrem Gaul.

„Die Zwei hat leider, leider knapp verloren!", tönt die Lautsprecherstimme.

„Schade!", seufzt die alte Dame und lässt kurzfristig ihre Arme baumeln.

„Und eine neue Runde, meine Damen und Herren! Suchen Sie sich Ihren Favoriten!", fordert der Mann am Mikrofon.

Die Dame neben mir öffnet erneut ihre Handtasche, ergreift ihr Portemonnaie, öffnet entschlossen den Schnapper und legt einige Münzen auf den Tresen vor sich. Flugs liegt dort ein Spielchip. Konzentriert spielen wir unsere Proberunden und es läuft hervorragend. So würde die Nummer Zwei gewinnen, oder vielleicht meine Nummer Neun!?

Die Glocke ertönt zum Start. Ganz verbissen bei der Sache rollen wir unsere Kugeln nach oben, immer wieder und wieder, locker aus dem Handgelenk, aber in fließenden

Bewegungen mit dem ganzen Körper. Nummer Zwei hoppelt nach vorn, Nummer Neun zieht nach.

„Wer gewinnt diesen Durchlauf!? Nummer Neun oder Nummer Fünf!?", fragt die sonore Stimme am Mikrofon.

„Nein, das kann doch einfach nicht möglich sein!", stöhnt die alte Dame neben mir. „Es lief so gut an!"

Jetzt umrundet die Kugel das Loch und verzögert das Spiel erheblich. Wir werden inzwischen von der Nummer Acht überholt, auch Nummer Sechs zieht kurz vor dem Ziel an uns vorbei und ... gewinnt.

„So ein Mist!", kommentiere ich den Spielverlauf und ärgere mich dieses Mal erstmals richtig.

„Auf zur nächsten Runde", ruft die rüstige Rentnerin daraufhin, strafft ihre Schultern wie ein Torero beim Angriff auf den Stier. Sie nestelt an ihrer Handtasche, öffnet sie, zückt ihre Geldbörse und haut geräuschvoll wieder einige Geldstücke auf den Tresen, welche sofort zu einem Chip mutieren.

„Auf geht's, mein Liebchen!", frohlockt die Pferdenärrin und fordert mich heraus.

Die Kugeln rollen gleichmäßig in die Löcher. Es klappt im Probelauf wieder hervorragend, eine Kugel nach der anderen verschwindet. Super Lauf. Ich werde gewinnen! Ich spüre es. Bestimmt. Die Glocke ertönt, die Chips sind gesteckt, die Kugeln rollen, die Pferde preschen vor, wir sind siegesgewiss.

„Die Fünf und die Neun preschen vor, doch die Sieben und die Fünf holen rasant auf uuuund gewinnen!", jodelt der Schausteller lapidar dahin.

Die alte Dame lacht, die Augen blitzen und der Schalk sitzt ihr offensichtlich im Nacken.

„Meine Rente in der Tasche schrumpft mit jedem Durchlauf, doch dies ist mein einziges alljährliches Vergnügen – Pferderennen auf Libori!"

Schon klingen die Münzen auf dem Tresen und verwandeln sich prompt in einen Spielchip.

„Also, auf zur letzten Runde!", kündige ich das Ende der Rennsaison an und tausche ebenfalls Münzen gegen Chip. Wir bilden bereits eine eingeschworene Gemeinschaft und sehen uns konspirativ an.

„Auf geht's!", lachen wir und klatschen ab wie Teenager. Die Glocke ertönt und wir rollen, was das Zeug hält. Unsere Pferde hoppeln, nein: preschen geradezu vorwärts. Sie liegen vorn, dicht gefolgt von einem Kamel. *Von einem Kamel?*, denke ich.

„Das kann doch nicht wahr sein! So was gehört in die Wüste!", brumme ich. Und da ertönt auch schon die knallharte Stimme aus dem Mikrofon: „Das Kamel hat gesiegt!", und sie wiederholt jubelnd: „Das Kamel hat gesiegt!"

Voller Kampfesgeist öffnet die alte Dame erneut fest entschlossen ihr Handtäschchen, macht ihre Geldbörse auf und knallt noch eine Münze auf den Tresen. Innerhalb von Sekunden wird auch daraus wieder ein Chip.

„Gegen ein Kamel zu verlieren ist eine Schande. Die nächste Runde gehört mir", triumphiert sie siegesgewiss. Mit erstaunlicher Energie rollen ihre Kugeln und versenken sich regelmäßig. Als die Startglocke erklingt, geben unsere Kugeln alles, was sie sollen.

„Ganz ruhig", kichert die alte Dame: „Wir gewinnen!"

Auch die Stimme aus dem Mikrofon lenkt uns nicht mehr ab.

„Die Vier und die Fünf liegen vorn!", kommentiert der Schausteller diese Runde.

Die Kugeln rollen gleichmäßig weiter und verschwinden, ganz wie sie sollen in den Löchern.

„Die Fünf ist kurz vor dem Ziel uuuund ..." Seine Stimme überschlägt sich fast und stockt dann. Er hält den Atem an. „Ja, die Fünf ist gerade ins Ziel eingelaufen!", erklingt die Stimme des Marktbetreibers begeistert und die Siegerglocke ertönt.

Wir hüpfen lachend aufeinander zu, umarmen uns in der Freude inniglich und führen ein kleines Siegertänzchen auf.

„Meine Dame..." klingt von oben herab eine Stimme, und aus der Bude wird ihr ein riesiges Plüschtier heruntergereicht. „Herzlichen Glückwunsch, Lady!"

Die alte Dame nimmt den Tiger entgegen, küsst ihn vergnügt, lacht herzlich und klemmt sich dann das Ungetüm unter den Arm. Ihre Rente hatte sie gut angelegt – für einen Riesenspaß auf Libori.

„Bis zum nächsten Jahr auf dem Berch für ein kleines Vergnügen und großen Spaß!", verabschiedet sie sich mit Tränen in den Augen, aber in bester Laune.

„Aber sicher doch! Gleicher Ort, dieselbe Stelle!", stimme ich lachend zu und winke ihr nach.

Sie tänzelt leichtfüßig davon, winkt noch einmal zurück und verschwindet in der Menge. Ich bummle nachdenklich, aber zufrieden lächelnd über den Berg.

Pferderennen
Beate Köhler

Nächte mit Alb

Die Entscheidung

Sie stand reglos am Fenster und blickte hinaus in die schwarze Nacht, hinweg über die Dächer der schlafenden Kleinstadt. Ihre zierliche Silhouette hob sich schemenhaft ab gegen das fahle Licht des Nachthimmels. Der Morgen graute bereits am fernen Horizont. Es war still, unheimlich still. Sie hatte für sich eine Entscheidung getroffen, einen Entschluss mit weitreichenden und schwerwiegenden Konsequenzen gefasst. So konnte es nämlich nicht weitergehen.

Nein.

Da war sie sich ganz sicher hier im Dunkel der Nacht. Eine Entscheidung hatte sie getroffen, ja, eine schwere, aber unausweichliche Entscheidung, die alles verändern würde. Ja – alles.

Sie hörte die polternden Schritte auf der Holztreppe, die hinauf zum Dachgeschoss führte. Er riss die Tür auf und stand breitbeinig im schmuddligen Hemd im Türrahmen; die rechte Hand ließ er auf der Türklinke liegen. Er starrte in ihre Richtung. Sie konnte die fragenden Blicke fühlen wie Messerstiche in ihrem Rücken. Sie drehte sich nicht um, nein, sie blieb stocksteif stehen, so wie sie schon die ganze Nacht dagestanden und gewartet hatte. Sie war auf alles gefasst. Was sollte schon passieren? Das Übliche wahrscheinlich. Doch das war ihr heute egal. Sie hatte ja eine Entscheidung getroffen. Sie würde es schon schaffen.

„Was soll das? Was tust du hier?", donnerte er in die Stille der Nacht hinein. Seine Worte prasselten wie Peitschenhiebe auf sie hernieder. Doch sie rührte sich nicht. Sie konnten ihr nichts mehr anhaben. Er blieb stehen, wartete wie üblich auf ihre Reaktion. Doch nichts passierte. Sie blieb stehen, einfach nur stehen. Dies irritierte ihn. Das war nicht üblich.

Mit großen Schritten trampelte er durch die dunkle Küche, riss eine Schranktür auf, schnappte sich die erstbeste Tasse, dreht sich abrupt um und knallte sie auf den Küchentisch.

„Kaffee!", dröhnte es durch den niedrigen, schummrigen Raum. Und wieder krachte die Tasse auf den Tisch mit der geblümten Wachstuchtischdecke. Im nächsten Moment hörte sie seine eiserne Faust auf den alten Holztisch krachen. Schweigen. Stille. Bedrohliche Stille. Sie regte sich nicht. Sie stand unbeweglich mit leicht gegrätschten Beinen und vor der Brust verschränkten Armen vor dem Fenster und starrte weiterhin hinaus in die unendliche Ferne.

Er schwieg. Unsicherheit machte sich breit. Er konnte nichts anderes tun als warten. Das passierte ihm sonst nicht. Plötzlich richtete er sich kerzengerade auf, zog seine Schultern zurück, senkte seinen Kopf wie ein Stier zum Angriff, ballte die kräftigen Fäuste, spannte die gestählten Muskeln seiner gebräunten Oberarme und zischte mit einer gefährlichen Gelassenheit durch die zusammengepressten Lippen: „Was ist hier eigentlich los?"

Er zog die Luft ein paar Mal heftig ein und presste sie mit einem lauten Pfeifen wieder ins Freie. Sie spürte sie wie Pfeile in ihrem Ohr, aber sie fühlte keinen Schmerz. Und sie blieb stehen, einfach nur stehen. Damit bot sie ihm Paroli. Das erste Mal. Und sie hielt durch.

„Es geht nicht mehr so weiter!", sprach sie mit ruhiger Stimme, kaum wahrnehmbar, aber doch jedes Wort klar und deutlich. Er starrte mit einem verblüfften Gesichtsausdruck in ihre Richtung. Er schwieg eine gefährliche Weile lang.

„Wir haben doch immer alles gelöst", peitschte seine kräftige Stimme unvermittelt durch die Grabesstille. Er wanderte wieder ein paar Schritte hin und her wie ein angriffslustiger Tiger im Käfig.

„Ja", hämmerte es in ihrem Kopf, „auf deine Art und Weise." Aber jetzt hatte sie ja eine Entscheidung getroffen.

„Hörst du mir überhaupt zu?!", brüllte er nun eine Tonlage höher in ihre Gedanken hinein. Er blieb stehen, wandte sich ihr zu, beugte seinen Oberkörper leicht vorn über und fuhr unruhig mit den Händen einige Male an seinen Oberschenkeln auf und ab. Er tat ein paar nervöse Schritte im Kreis, führte hastig seine Rechte an das Kinn und massierte unruhig die morgendlichen Stoppeln seines ausgeprägten Unterkiefers. Seine Augen hasteten ziellos durch den Raum, seine Stimme brummte unverständliches Zeug und seine Linke fuchtelte wild in der Luft herum. Abrupt blieb er neben der Längsseite des Tisches stehen, starrte sie an, stolperte ein paar Schritte auf sie zu, hob die rechte Hand, holte aus und ... Nein, es konnte ihr nichts passieren. Sie hatte eine Entscheidung getroffen – eine weitreichende Entscheidung. Sie duckte sich, wich ihm geschickt aus und verschwand im Dunkel des heranbrechenden Morgens. Er torkelte, seine Rechte traf ins Leere und sein schwerer Körper krachte gegen den Küchenschrank.

Er stöhnte, sank nieder und schlief auf der Stelle ein.

„Das ist mein Leben"

Sie liegt ausgestreckt auf ihrem Bett und starrt an die Decke. Die Welt um sie herum verschmilzt mit der Welt ihrer Fantasien, mit ihren Visionen, aber auch mit den schmerzhaften Enttäuschungen ihres kurzen Lebens. Gedankenblitze aus der Vergangenheit und Erwartungen an die Zukunft vermischen sich und verwischen mehr und mehr die Übergänge zur Realität. Ein Schleier legt sich über ihre Augen, Geräusche flüchten wie Schatten in die Ferne und ihr Kopf füllt sich mit watteähnlichen Gebilden. Sie schwirren, surren und zurren und verhindern jeden klaren Gedanken. Ihr sonnendurchflutetes Zimmer spiegelt ihren planlosen Zustand wieder, es herrscht das reinste Chaos. Doch wie soll sie Ordnung halten, wenn in ihrem Kopf und in ihrer verwirrten, einsamen Seele Turbulenzen alles durcheinander purzeln lassen?

Dabei fing alles ganz harmlos an. Wenn man es überhaupt so bezeichnen kann. Mit einem Besuch ihrer Eltern bei Oma und Opa, den Eltern ihrer Mutter – oder begann alles bereits weit vor ihrer Geburt? War sie überhaupt ein erwünschtes Kind? Keine Antwort auf diese Frage an ihre Mutter war auch eine Antwort. Die, die sich Mutter nennt, verweigerte die Aussage, schwieg, wandte sich ab, wollte sie nicht haben. Und der Mann, der ihr Vater sein soll, hat sie nicht als sein Kind anerkannt. Also hat er sein Recht als Vater verwirkt und eigentlich hat sie gar keinen Vater. Die, die sich hochtrabend Eltern nennen, lebten damals ihr Leben und sie, ein abhängiges kleines Wesen, passte nicht hinein in dieses Leben in Fülle und Wohlstand. Sie wollten davon nichts abgeben und selbst auch nichts geben, nicht einmal Liebe, die doch nichts kosten soll, so sagt man.

Doch davon versteht sie nicht allzu viel. Die Gedanken kreuzen sich wie Säbelhiebe und schmerzen im Kopf. Hätten sie, die sich offiziell Eltern nennen, sie sonst vergessen, einfach zurückgelassen wie einen Schirm im Ständer? Vergessen in einer Tragetasche auf der Eckbank im Esszimmer? Sie haben sie weggeworfen, ihr Leben einfach ausgelöscht. „Und trotzdem lebe ich", denkt sie irritiert. Seltsam. Sie wirft ihren Kopf hin und her, um diese beängstigenden Bilder abzuschütteln. Sie, die sich Eltern nennen, haben ihr Kind verleugnet, nein, schlimmer noch, sie haben es entsorgt wie Sondermüll. Und sie, die sie ständig um ein Leben in Würde und Anerkennung kämpft, fragt sich auf der Suche nach ihrer eigenen Identität: „Was ist mein Leben? Wer bin ich?"

Sie horcht in sich hinein und findet – Ruhe. Unendliche Ruhe.

Sie steigt aus, verlässt ihren Körper, scheint zu schweben und irgendwo zwischen Himmel und Erde in einem schwerelosen Zustand zu verharren. Sie genießt diesen Ort der Stille mit der Leichtigkeit des Seins. Vielleicht würde sie hier einfach ausharren und nicht mehr zurückkehren. Doch plötzlich geht ein Ruck durch ihren Körper. Die Hände ballen sich zu Fäusten, hämmern auf die Matratze, ihre Beine strampeln den Frust in die Bettdecke, ihr Mund öffnet sich und sie schreit in die Welt hinaus: „Verdammt, was ist mein Leben!? Ich will mein Leben zurück! Jetzt – sofort!"

Unerwartet hält sie inne, wirkt nun völlig friedlich und entspannt, öffnet die Augen, orientiert sich kurz, erhebt sich langsam, schreitet wie in Trance zum Fenster, blinzelt mit offenem Blick in die Sonne und wiederholt eindringlich die Frage: „Was ist mein Leben?" Im nächsten Moment wendet sie sich entschlossen ihrem Schreibtisch zu, ergreift einen Stift, zieht ihre Kladde aus dem Regal, blättert im Hinsetzen einige Seiten um und beginnt, ihre Gedanken zu ordnen. Der Stift gleitet flüssig über das Papier und hinterlässt eine Spur ihres Daseins:

Mein Leben ist ein Spiel, aber ich verliere.
Mein Leben ist ein Licht, doch es erlischt.
Mein Leben ist eine Tür, doch sie ist verschlossen.
Mein Leben ist ein Feuer, doch es wird gelöscht.
Mein Leben ist ein Sturm, doch es ist windstill.
Mein Leben ist ein Kampf, doch ich hab ihn verloren.
Mein Leben ist ein Loch, und ich falle hinein.
Mein Leben ist von Dauer, doch ich bin bereits gestorben.

Aber trotzdem ...
... habe ich mein Spiel gewonnen.
... ist das Licht nicht erloschen.
... ist die Tür nicht verschlossen.
... ist das Feuer nicht erloschen.
... ist der Sturm nicht vorüber.
... ist der Kampf nicht verloren.
... ist das Loch nicht geschlossen.

... ich lebe mein Leben ...
Gestorben bin ich trotzdem!

Schwungvoll setzt sie ein Ausrufezeichen als Abschluss, hält inne und lässt gedankenverloren ihren Blick aus dem Fenster gleiten, hinaus bis zur fernen Hügelkette. Ihr Gesicht nimmt einen kämpferischen Ausdruck an, ihr Körper richtet sich kerzengerade auf, die Hände stützen sich ab. Durch die zusammengekniffenen Lippen presst sie leise und jedes Wort einzeln betonend hervor: „Gestorben bin ich eigentlich schon weit vor meiner Geburt und ich sterbe jeden Tag aufs Neue. Doch ich hole mir mein Leben zurück und dann ich werde es leben – *mein* Leben."

Sie erhebt sich, legt den Stift zurück, platziert ihre Kladde liebevoll auf ihrem Kopfkissen, streicht noch einmal zärtlich mit der Hand darüber und verlässt entschlossenen Schrittes das Chaos – hinein in ihr eigenes Leben – für heute – für morgen – ein Leben lang.

Der Schatten des Lebens

Das fahle Mondlicht der vorangeschrittenen Nacht wirft ein überaus spärliches Licht in das spartanisch eingerichtete Schlafzimmer. Kaum auszumachen ist die Schläferin unter ihrer Bettdecke, deren Brust sich durch die gleichmäßigen Atemzüge leicht hebt und senkt. Die kaum hörbaren Geräusche der ein- und ausströmenden Atemluft unterbrechen sanft die lautlose Stille.

Plötzlich geht ein Ruck durch den Körper. Es kommt. Sie spürt es. Langsam, ganz langsam kriecht es nach oben wie ein Anflug von dichtem, wallenden Nebel, der alles umhüllt. Es lähmt die Beine und lässt sie stocksteif wie ein paar Stelzen nebeneinanderliegen. Jedoch zieht es weiter, unaufhörlich weiter. Es streift über die Oberschenkel, den Unterleib, lässt sich vorsichtig, aber unbarmherzig auf dem Bauch nieder, wiegt tonnenschwer und passt sich doch ohne jedes Gewicht der Einwölbung an. Nur nicht atmen. Sich nicht bewegen. Stocksteif liegen bleiben. Und es schiebt sich in einem fort weiter, umspannt sacht die Taille und schnürt sie gleichzeitig immer enger zusammen, wie ein Eisenring. Das lässt den Körper noch zarter erscheinen, noch zerbrechlicher, noch biegsamer, noch verletzlicher. Doch nichts hält es auf. Es drängt weiter nach oben und umschließt die Brust. Gezielt tastet es nach dem Busen, erobert erst die eine, dann auch die andere Seite. Verharrt darauf Sekunden, Minuten, Stunden. Alles erstarrt in Erwartung. Nur nicht bewegen. Nur nicht atmen. Nur nichts sagen. Ganz still sein und einfach nur steif liegenbleiben. Vielleicht geht es dann vorüber. Der Hals schnürt sich zu, wird enger und enger, kaum dass sich der Atem hindurchschlängeln kann. Es ist einfach nicht aufzuhalten und gleitet auch schon über das Gesicht. Sanft streicht es eine

Strähne aus der Stirn und gleitet dann vorsichtig durch die langen blonden Haare. Ekel kommt auf, der kalte Schweiß bildet Perlen auf der blanken Stirn. Die weit geöffneten Augen starren hohl gegen die Zimmerdecke, doch sie sehen nichts, gar nichts. Zwei, drei Tränen rollen über die Schläfen und werden zögernd von den nach hinten gestrichenen Haaren aufgenommen. Auch sie lassen sich darauf ein, etwas aufzunehmen, was sie nicht wollen. Das spitze Kinn richtet sich im nächsten Moment aufbegehrend gegen die Zimmerdecke. Die Nase zieht automatisch und doch unter Zwang die Luft tief ein und lässt sie langsam und stoßweise wieder entweichen, so, als könnte sie damit alles ausstoßen, sich endlich befreien – weg, alles soll einfach nur weg. Aber es ist noch immer da, kriecht unaufhörlich weiter, über die Schultern den schweißnassen Rücken hinunter. Es ist nicht aufzuhalten. Es kriecht vorwärts und umhüllt alles, den Körper und den Geist, ja, sogar die Seele in ihrem verzweifelten Versuch zu entweichen.

„Du darfst nicht gehen", schreit es. „Nein! Du bist mein! Für immer mein."

„Dein? – Und für immer? – Nein!"

Schnaufen. Schluchzen. Stöhnen.

Der nächste tiefe Atemzug umklammert zitternd die gebrochene Seele. Es nimmt sich alles, alles ohne Rücksicht, es hat das Recht – so sagt es, so fühlt es, so bestimmt es, so verfügt es. Es reißt alles an sich, und jetzt gewinnt es auch noch den Mund. Die Lippen pressen sich abwehrend aufeinander, denn etwas soll erhalten bleiben. Doch es hat keinen Sinn, sich dagegen zu wehren. Es vereinnahmt, umgarnt, umspannt alles, jeden Muskel, jedes Organ, den Geist und auch die verwundete Seele.

Aber sie will nicht mehr. Darf sie endlich entweichen? Sie will fliehen, um schließlich in Freiheit all die Dinge zu tun, die andere mit Freuden tun, mit Wonne genießen, einfach nur leben, uneingeschränkt leben – wenn sie nur gefragt würde. Es hat nicht gefragt. Es hat sich brutal genommen, was es braucht, vermeintlich braucht, immer unter dem Deckmantel unendlicher Liebe und großer Fürsorge.

Doch jetzt endlich öffnen sich unter einem unheimlichen Zwang ganz allmählich die schmalen Lippen und formen sich zu einem dämonischen Laut, der aus der weit geöffneten Kehle entflieht. Er katapultiert die unermessliche Qual der vergangenen Jahre hinaus in die nächtliche Stille und lässt sie in der endlosen Weite des Alls verhallen. Der stumme, markerschütternde Schrei entkommt seinem engen Gefängnis und gewinnt die lang ersehnte und unbegrenzte Freiheit. Alles bäumt sich auf, alles wehrt sich, bricht auf, zerspringt und entflieht, einem Strahlen entgegen, das Sicherheit, wohlige Wärme und die unschätzbare Unabhängigkeit verspricht.

Der Schatten ergibt sich, unterwirft sich und zieht sich schließlich allmählich zurück, so, wie er gekrochen kam. Sie richtet sich abrupt auf, der Oberkörper strafft sich, die Arme stützen ihn, sie holt tief Luft, blickt sich hilflos im dunklen Zimmer um, klammert sich an die Bettdecke, sucht den Lichtschalter, knipst das Licht an, nestelt an ihrem Nachthemd und atmet schwer, aber unendlich befreit durch: Es war nur ein Schatten, der Schatten des Lebens, der Schatten von gestern – von heute – von morgen. Er kommt und geht, aber er fragt. Und er wird bleiben, der Hauch von Nebel, der alles umhüllt. Doch die verletzte Seele ist endlich frei.

Die unscheinbare kleine Schwester

Schweigend saßen sich die beiden ungleichen Schwestern gegenüber. Sie hatten sich gefunden, jedoch nicht gesucht. Lange Jahre hatten sie sich nichts zu sagen, herrschte eisige Stille zwischen ihnen. Jede war ihren vorbestimmten Lebensweg gegangen. Doch als ihre Mutter nach einer langen Leidensphase verstarb, trafen sie ungewollt aufeinander. Tiefe Trauer, unbändige Wut, fatales Desinteresse, purer Egoismus, maßlose Rache, diverse Verluste, diffuse Ängste bestimmten ihr Handeln, legten sich auf ihre Seelen, machten sie starr, handlungsunfähig. Doch keine sah im unweigerlichen Ende eine Chance ...
 Oder? Hatte er vielleicht eine Chance? Der kleine Bruder, der unsichtbare Dritte im Bunde einer geheimen Macht?

Sie wartet lange ganz geduldig auf ihre Chance, die kleine unscheinbare Schwester. Sie sitzt in der Ecke und verhält sich still, sehr lange, sehr still. Sie ist sich ganz sicher, ihre Zeit wird kommen. Und wie kleine Schwestern manchmal so sind: Sie ist zickig, hinterhältig, gemein und richtig eifersüchtig. Manchmal hält sie es kaum aus in ihrem devoten Dasein. Dann mault sie und klagt, sie komme ständig zu kurz, man wäre nicht gut zu ihr und würde sie nicht ausreichend beachten.
 Zunächst kennt sie ihre ungeahnten Möglichkeiten noch nicht so genau, doch das stört sie nicht, denn sie wird lernen, sich stetig weiterentwickeln, sich vervollkommnen. Und irgendwann wird ihre Zeit kommen. Und das wird ihre Zeit sein, eine Zeit voller Häme und ungeheurer Wirkung, eine Zeit der unbarmherzigen Rache. Ihre große Schwester wird sich noch wundern, zu welchen Ausbrü-

chen sie fähig sein wird. Allein diese Perspektive gibt ihr Trost, entschädigt zunächst für vieles.

Sie ist unheimlich wissbegierig, aber auch taktvoll. Sie wird zur rechten Zeit ihre Möglichkeiten zu nutzen wissen. Noch geht sie in Sack und Asche und kann neben ihrer blendenden, großen Schwester niemals bestehen. Doch wenn ihre Zeit kommt, wird sie erbarmungslos zuschlagen, wirklich gnadenlos sein, ohne Rücksicht auf Verluste vorwärts drängen und dabei kommt es nicht auf Äußerlichkeiten an. Schließlich hat sie jahrelang auf so einen Augenblick warten müssen. Sie weiß ganz sicher: Ihre unendliche Geduld wird sich einmal auszahlen. Kleine Schwestern müssen einfach nur beharrlich sein.

Noch macht sie sich so ihre Gedanken in aller Bescheidenheit und Stille. Warum wird sie nicht so geliebt wie die große Schwester? Warum wird sie immer nur bekämpft und nicht hofiert? Warum nicht an sie gedacht wird? Nun, das ist klar. Sie ist grau und hässlich und kommt gegen ihre brillante und elegante, immer gut gelaunte großen Schwester nicht an, die nur so sprüht vor Leben. Also bleibt ihr nur die Eifersucht. Sie ärgert sich durchaus maßlos, weil sie nicht so attraktiv und beschwingt daher kommt, sondern genau das Gegenteil verkörpert: unauffällig und unerwünscht, ein richtiges Aschenputtel, ein Ekelpaket. Doch sie weiß, auch sie hat ihre Qualitäten: Ihre unendliche Geduld, ihre Ausdauer, ihr Schweigen, und diese Eigenschaften werden früher oder später reich belohnt.

Nur ein kurzer Moment der Unachtsamkeit ihrer großen Schwester genügt, und schon hat sie, die kleine Schwester, ihren glorreichen Auftritt. Und der ist gewaltig, prägt sich hämmernd ein, hinterlässt gnadenlos Spuren, ist nicht zu vergessen. Manchmal hat sie zwar nur ein kurzes Intermezzo, aber brillieren kann sie in solchen unerwarteten Gastspielen unheimlich. Und – natürlich trainieren, sich vervollkommnen, sich einen individuellen Stil aneignen, sich in den Vordergrund schieben, zur Verblüffung ihrer großen Schwester.

Im Allgemeinen ist sie nicht gern gesehen, das weiß sie, aber in solchen Situationen gibt sie ihr Bestes und kennt kein Pardon, keine Gnade, sie nimmt sich ihr Recht und präsentiert sich egoistisch. Man muss sie beachten. So explodiert sie plötzlich und ist deshalb unberechenbar, ja gefürchtet. Man unterschätzt sie. Pech. Und weil sie oftmals lange ruhig und anspruchslos in der Ecke hocken kann, vergisst man sie sogar manchmal. Doch das ist ein eklatanter Fehler. Ihre Stärke zeigt sich in der Kunst, den richtigen Moment abzupassen und dann loszuschlagen. Ihr Auftritt wird jedes Mal einen bleibenden Eindruck hinterlassen. Also muss sie sich zunächst zusammenreißen, sich in Geduld üben, bei kurzen Gastrollen glänzen und sich damit zufriedengeben. Besser als nichts. Eine kurze wirkungsvolle, starke Vorstellung kann Auftrieb und Selbstvertrauen geben und ist unheimlich gut für ihr Ego. Bei einem Dasein im Schatten der strahlenden großen Schwester ergreift sie jeden Strohhalm, damit auch ein wenig Glanz auf sie abfällt.

Dieses Vorgehen hat Vorteile. Sie gewinnt mit jeder weiteren Szene an Sicherheit für den nächsten Auftritt, um noch vollendeter, grausiger und qualvoller zu sein, um sich in der Rache genüsslich zu ergehen, um unendlich zu triumphieren. Als kleine Schwester muss man also warten können, manchmal über Jahre, in hartnäckigen Fällen ein Leben lang. Man hält sich zunächst zurück, man weiß schließlich, was sich gehört, wenn man ungeliebt, unvollkommen, ja geradezu gefürchtet und verhasst ist. In ihrem Innersten spürt eine große Schwester natürlich die bittere

Konkurrenz der kleinen Schwester und fürchtet stets ihre Grausamkeiten. Doch sie will es natürlich nicht wahrhaben, im Gegenteil, sie schiebt es weit von sich und verleugnet ihre kleine Schwester – wie grausam und dumm von ihr. Aber so ist das Leben. Kleine Schwestern sind irgendwann einfach da und man wird sie nicht wieder los. Sie sind anhänglich und gehen einem oftmals nur unheimlich auf die Nerven. Zudem werden große Schwestern nicht gefragt, ob sie kleine Schwestern überhaupt haben wollen. Man kann sie sich nicht einmal aussuchen, diese kleinen Quälgeister. Und das ist auch gut so. Ja, diese Tatsache macht die kleine Schwester nun wiederum glücklich, denn das Warten auf die ganz große Chance lohnt sich immer.

Kleine Schwestern bleiben zwar immer die kleinen Schwestern, doch auch sie werden einmal groß. Wenn so eine kleine Schwester dann in Aktion tritt, ist sie kaum noch zu bremsen, äußerst schwer zu überwältigen, manchmal nicht mehr zu beruhigen, allenfalls für eine gewisse Zeit zu besänftigen, doch sie bleibt hartnäckig. Dann wehrt sich so eine kleine Schwester gegen jeden Versuch der Unterdrückung – schließlich zählen Geduld und Ausdauer zu ihren Tugenden. So einfach lässt sie sich, wenn sie erst einmal die Freiheit und die Macht ausspielen und genießen konnte, nicht mehr kleinkriegen, nicht wieder zurück in die Ecke stellen, nicht mehr unterdrücken, unterjochen.

Auch kleine Schwestern haben Rechte – wenn auch manchmal späte – aber das Recht auf ihr Dasein, auf ihre Würde, auf ihre Wertigkeit, auf ihre Anerkennung. Zuweilen lässt sich eine kleine Schwester scheinbar beschwichtigen, doch eben nur zum Schein. Für einen kurzen Moment hält sie inne, um dann erneut erbarmungslos und mit aller Kraft auf die große Schwester einzuprügeln. Auch diese schräge Hinterhältigkeit zählt zu ihren Eigenschaften. Am Ziel ihres Strebens ist sie jedoch noch immer nicht angelangt. Auf dem Höhepunkt ihrer Laufbahn kommt so eine kleine Schwester manchmal ganz groß raus. Dann strotzt sie nur so vor Selbstbewusstsein, ihr Ego überrollt sie und sie wächst über sich hinaus.

In dieser letzten Phase kommt es schließlich zum letzten Eklat: Sie gibt ihr Coming-out bekannt. Die Verblüffung ist perfekt, keiner kann sie hindern, die große Schwester gibt kraft- und machtlos auf und aus ein bisschen Pein wird ein bohrender, langanhaltender Schmerz.

Und dann eines Tages, meist am Ende eines langen, vielleicht lebenslangen Kampfes sitzen sich die ungleichen Schwestern gegenüber – tief verletzt und kraftlos, ohne Trost und ohne Mutter. Vielleicht bekommen sie noch eine letzte, eine allerletzte Chance für sich. Doch werden sie offen sein, ihre Chance erkennen und sie sinnvoll nutzen – die ungleichen Schwestern?

„Was wird sich ändern im Kampf um die Liebe, die Geborgenheit, die Gleichheit, die Gleichbehandlung, die ungeteilte Aufmerksamkeit?", fragt der Dritte im Bunde, der bislang unbeachtete kleine Bruder, der unbemerkt erwachsen geworden ist. Doch in der unendlichen Trauer um die erlittenen Verluste sowie in dem tiefen Schmerz einer ungeliebte, verletzten Seele liegen auch heilende Kräfte und die Chance eines Neubeginns – eh es zu spät ist.

Nur Mut, kleiner Bruder!

Nächte mit Zeitreisen

Die „Russische Nähmaschine"

Der weißhaarige alte Mann sitzt leicht gebeugt auf der roten Gartenbank am Rande des kleinen Teiches, lauscht dem Vogelgezwitscher, dem seichten Geplätscher des Wassers und den Geräuschen des Teiches mit seinen Goldfischen. Er wirkt zufrieden. Ein Lächeln liegt auf seinem Gesicht. Seine unterschiedlich großen Augen sehen nicht mehr viel, doch sie nehmen die leuchtenden Farben des Frühlings wahr. Die Sonne wärmt seine alten schmerzenden Knochen und sein Gemüt.

Ich lasse mich ebenfalls neben ihm auf der Bank nieder und höre erstmals seine Geschichte, seine bewegende Vergangenheit. Ich höre einfach nur zu. Bin einfach nur da. Still, andächtig, respektvoll.

„Mein Schutzengel war wieder einmal an meiner Seite", beginnt mein Vater stockend zu erzählen. Es folgt die lange Pause eines hohen Alters. „Er hat immer auf mich geachtet, dieser Schutzengel, ein Leben lang. Ich konnte mich stets auf ihn verlassen. Ja, ich bin ihm zutiefst dankbar", betont er und wirkt ruhig und ausglichen, mit dem Leben versöhnt. „Ich glaube, ich werde sehr alt, sonst hätte er mich schon damals sterben lassen, damals im Mai 1945. Jetzt ist wieder einmal Mai und abermals kann ich meine beiden Geburtstage dankbar angehen. Mir wurde das Leben gleich zwei Mal geschenkt."

Wieder entsteht eine bedeutungsschwere Pause. Er atmet schwer, die Luft vibriert, die Stimme zittert, als er mit einem in die Ferne gerichteten Blick fortfährt:

Es war damals eine laue Frühlingsnacht im Mai 1945, genauer gesagt Anfang Mai 1945. An Schlaf war nicht zu denken – aber an Flucht. Das war in diesen Tagen der einzige Gedanke, an dem sich der Alltag der Menschen orientierte, um der nahenden Front zu entkommen. Doch die Drohung des Ortskommandanten, ein jeder werde standrechtlich erschossen, wenn er auch nur an Flucht denken würde, ließ uns alle in Respekt und Angst erstarren. Hellwach und aufs Äußerte gespannt lauschten wir in die dunkle Nacht, die ab und zu am Horizont wie von Wetterleuchten sparsam erhellt wurde. Doch es war nicht das Licht eines heranbrechenden neuen Morgens, sondern das Flackern der russischen Geschütze, die offensichtlich aus allen Rohren feuerten und stetig vorwärtsdrängten. Die ganze Nacht über war der Kanonendonner der näher rückenden Front zu hören und zerrte zusätzlich an unseren zum Zerreißen gespannten Nerven.

Es war kurz nach meinem 16. Geburtstag, an einem Tag ohne Vergessen. Allmählich verabschiedete sich die Nacht und der anbrechende Tag grüßte mit einem frühlingshaften Duft. Doch auch die Natur schien mit Sorge innezuhalten und vor der herannahenden Katastrophe beinahe zu erstarren. Tiefe, knisternde Stille lag auf dem großen Gehöft, dem Dorf, hing über der Umgebung, in der Luft. Mensch und Tier verharrten in gespanntem Warten während der scheinbar widerwillig weichenden Dunkelheit.

Plötzlich peitschten die knappen Befehle des Ortskommandanten wie Maschinengewehrsalven durch den lautlosen Morgen: „Jeder verlässt sofort – ausnahmslos jeder und sofort – Haus und Hof!!" Auf dieses Kommando hatten alle im Geheimen nur gewartet und sich in gefährlicher Heimlichkeit darauf vorbereitet.

„Spann schnell die Pferde vor den Wagen!", herrschte mich mein Vater kurz und knapp an, in einem Ton, der allerhöchste Gefahr erahnen ließ und kein Widerspruch duldete.

„Nimm die beiden Zuchtstuten aus dem Oldenburgischen und binde das Fohlen dazu!" Mit raumgreifenden Schritten stürzte ich davon, schnappte das Kummetgeschirr im Lauf und riss die Leine für das Fohlen vom Haken. Selbst die Pferde schienen die Gefahr zu erahnen und ließen sich widerstandslos vor der Deichsel einschirren. Mein Vater hievte in aller Eile die bereitgestellten Kisten und Koffer auf den Wagen und verdeckte alles sorgfältig mit einer dunklen Plane. Er stürmte mit einem entschlossenen Gesichtsausdruck erneut in das Haus, um gleich darauf mit einer kleinen Tasche in der einen Hand zurückzukehren. An der er anderen Hand zerrte er meine zehnjährige Schwester hinter sich her, die Mühe hatte, den hastigen Schritten ihres Vaters zu folgen. Ich hatte keine Sekunde Zeit, um mir über ihren seltsamen Aufzug Gedanken zu machen, sie steckte in meinen Hosen, unter meiner Schirmmütze waren ihre langen schwarzen Zöpfe verschwunden, eine viel zu große Joppe mit aufgestelltem Kragen verbarg ihren schlanken Körper. Seltsam fremd erschien sie mir. Mein Vater schwang sie mit ausgestreckten Armen auf die Ladefläche gleich hinter den Kutschbock, ein Kissen flog hinterher und sie ließ sich darauf nieder. Meine Mutter stürzte aus den Haus, eine kleine Milchkanne in der Hand, sprang auf den Wagen und setzte sich dicht neben meine Schwester. Beide verschwanden unter einer alten Decke, die schwarze Plane zog mein Vater noch darüber. Sie waren kaum auszumachen unter der Tarnung. Mein Vater sprang mit einem Satz neben mich auf den Kutschbock, riss die Zügel an sich, schnalzte unmissverständlich mit der Zunge zum Anzug und ließ die Zügel auf den Rücken der Pferde auf und nieder sausen. Die knallende Peitsche, die die Pferde sonst nie zu spüren bekamen, unterstrich heute das eindeutige Kommando.

Die Stuten spürten den Ernst der Lage, gehorchten prompt, legten sich mächtig ins Geschirr und reihten sich gleich hinter dem Hoftor in die lange Schlange von flüchtenden Fahrzeugen ein. Kinderwagen, Handwagen, Planwagen, Ochsenkarren, Kutschen, kurzum, alles was Räder hatte, auf dem Hab und Gut transportiert werden konnte, bildete eine unendliche Karawane gen Westen. Jeder wollte so schnell wie möglich weg, doch wir kamen nur stockend voran, weil die Straße ständig mit zurückflutenden Militärkolonnen blockiert wurde, die uns immer wieder rücksichtslos in die noch verbliebenen aufgetürmten Schneeränder am Straßenrand drückten.

Das spontane Einstellen auf ständig wechselnde Situationen, das stetige Gerüttel auf dem Wagen, das Stöhnen der Menschen aus den unterschiedlichsten Gründen, die markerschütternden Schreie der Frauen und Verletzten, die ersten Leichen am Straßenrand, die Hilflosigkeit der Flüchtenden, das Ausgeliefertsein, die Hoffnungslosigkeit und das Getriebensein von der Zuversicht, der Hölle vielleicht doch zu entkommen, aber auch aus dem festen Willen zu überleben, putschten uns auf bis zum Bersten der Nerven. Alle physischen und psychischen Ressourcen waren aktiviert. Schockähnliche Zustände ließen manche Mitmenschen mechanisch funktionieren, andere überreagieren.

Gegen Abend hatten wir nur wenige Kilometer zurückgelegt, waren unendlich erschöpft und tief frustriert, traurig, hoffnungslos, ausgelaugt. Wir suchten etwas abseits des Trecks eine provisorische Übernachtungsmöglichkeit. Auf einem alten, bereits verlassenen Bauernhof stellten wir unsere Fluchtfahrzeuge ab. Schweigend versorgten wir die Pferde, zwangen uns zu einigen stärkenden Bissen aus den Vorräten, denn Hunger verspürten wir nicht.

Notdürftig richteten wir uns für die Nacht ein, dabei immer bereit zum spontanen Aufbruch. Doch nach diesen Strapazen und den entsetzlichen Erlebnissen vor Augen war nicht an Schlaf zu denken. Das Schreien und Kreischen, das Stöhnen und Fluchen, das Weinen und Wimmern blieb präsent und durchdrang wie Geschosse von Zeit zu Zeit den schmerzenden Kopf. Auch der Donner der näher rückenden Front dröhnte, war nicht zu ignorieren und löste zusätzliche Ängste aus. Unruhe legte sich über die Nacht, denn das Unheil schwebte fühlbar über Mensch und Tier.

Doch die Unheilsschwaden zogen mit dem schwachen Morgenlicht davon und machten dem Gedanken an eine rettende Flucht Platz. In aller Eile bereiteten wir uns erneut auf einen unsicheren Tag in chaotischen Kriegswirren vor und reihten uns wieder in die endlose Fluchtkolonne gen Westen ein. Die Menschen wirkten gespenstisch mit ihren versteinerten und übermüdeten Gesichtern, die während der letzten Nacht um Jahre gealtert schienen. Die Angst, die Strapazen, die Erlebnisse, die Verluste frästen tiefe Spuren in die Gesichter und ließen kaum noch Regungen erkennen.

„Weiter, nur weiter dem Überleben entgegen, weg von Tod und Sterben, von Hunger und Gewalt" waren die einzigen Gedanken, die uns vorwärtstrieben.

Immer wieder vernahmen wir aus der Ferne die Motorengeräusche der russischen Flieger, die regelmäßig Angriffe flogen. Noch waren wir verschont geblieben, doch auch die Bedrohung aus der Luft näherte sich stündlich. Die vom Wald gesäumte Straße bot uns zunächst Sichtschutz, tarnte uns notdürftig, versprach uns Deckung. Doch bald erkannten wir die ersten Lücken im Fluchtkonvoi, Wagen brannten lichterloh, Zugtiere sanken tödlich getroffen zu Boden, schreiende Kinder suchten verzweifelt ihre Eltern, Mütter hielten ihre toten Kinder klagend in ihren Armen und weigerten sich, sie abzulegen, andere Tote wurden einfach mechanisch im Straßengraben entsorgt. Weiter, nur weiter. Vorwärts. Nur vorwärts. Weg von hier. Raus aus der Hölle. So kämpften wir einen fast aussichtslosen Kampf um das nackte Überleben an einem Tag Anfang Mai, gleich nach meinem 16. Geburtstag. Der Wonnemonat, der sonst mit der erwachenden Natur „pures Leben" bedeutete, den ich so liebte, nahm mir damals alle Hoffnung auf das Leben, auf mein Leben.

Doch auch der zweite Tag der Flucht ging quälend zur Neige. Als es zunehmend dunkler wurde, ließen die Luftangriffe der Russen nach und wurden schließlich ganz eingestellt. Wir atmeten auf. Nun galt die Sorge uns und unseren Tieren, die uns das Überleben sichern sollten. Wir hielten mit unserem Gespann, da wo wir uns gerade befanden, mitten im Chaos, auf dem Schlachtfeld, in einer ausweglosen Hölle. Wir versorgten die Pferde und stärkten uns aus unseren Vorräten. Meine Mutter und meine Schwester verkrochen sich unter der Plane. Sie legte ihren Arm um meine Schwester, zog sie ganz eng zu sich heran, gerade so, als wollte sie ihr Kind wieder in sich aufnehmen. Mein Vater und ich hockten uns eng aneinandergeschmiegt von innen gegen die Wagenräder. Schlafen, nur schlafen, irgendwie, im Irgendwo, im Nirgendwo. Die totale Erschöpfung ließ uns in kurze Tiefschlafphasen sinken, aus denen wir immer wieder aufschreckten, durch ungewohnte Geräusche, durch Schreie, Stöhnen und herzzerreißendes Weinen. Auch diese Nacht wich wieder einem Tag, dem Rhythmus der Natur gehorchend, das einzig Normale in diesem diabolischen Szenario.

Ein paar knappe Kommandos setzten mit dem ersten fahlen Licht des herannahenden Tages den Zug in Bewegung. Hinter uns begann der Morgen, das Drama zu beleuchten, vor uns lag die dramatische Ausweglosigkeit der Hölle, der Weg über die Anhöhe auf freiem Feld. Jedem wurde schlagartig bewusst, dass wir schutzlos den Angriffen der russischen Jagdflugzeuge ausgeliefert waren. Nur nicht darüber nachdenken. Unsere Angst wuchs ins Unermessliche. Sie trieb Mensch und Tier an. Irgendwo musste doch auch diese Hölle zu Ende sein. Doch sie fing gerade erst an. Den Blick gen Himmel gerichtet, um die Angreifer frühzeitig ausmachen zu können, trieb mein Vater die Pferde vorwärts. Doch es gab kein Entrinnen. Die Angriffe der russischen Jagdflugzeuge, die, wegen ihres „Tack-tack-tack", im Lanzerjargon allgemein als „Nähmaschine" bezeichnet wurden, verfehlten nie ihre Ziele. Gehetzt trieben wir unsere Pferde erneut an. Doch wohin sollten sie uns bringen? Auf grausame Weise wurde ein Vorwärtskommen immer wieder verhindert, durch verbrannte Planwagen, durch Kinderwagen, durch Tote, die auf dem Weg lagen, durch schreiende und um Hilfe flehende Verletzte, durch sterbende Menschen und Tiere, durch herumirrende Kinder, durch das Chaos. Dies konnte nur die Hölle sein. Die Angst der Menschen kanalisierte sich in Wutausbrüchen, derben Flüchen, ungebremsten Aggressionen gegen alles und jeden oder zeigte sich in tiefer Resignation, in totaler Handlungsunfähigkeit oder in hemmungslosen Schreiattacken.

Vor uns offenes, freies Gelände, rechts und links der Straße weite Felder und Wiesen, und wir auf dem Präsentierteller als klar auszumachende Ziele für die russischen Piloten. Auch hier waren die Straßenränder noch gesäumt von Schneezäunen mit den letzten weißen Zeugen des vergangenen Winters. Diese Schneezäune würden im Notfall einigen Menschen Schutz gewähren. Doch würden wir schnell genug sein? Und was war mit den Pferden? Ich späte zu dem entfernten kleinen Wald hinüber, der nur über ein Stück freies Feld und eine Anhöhe zu erreichen gewesen wäre. Doch die Bäume schienen in weite Ferne zu rücken. Flüchteten sie auch? Dies war die einzige und letzte Chance einer Deckung, wenn ich sie nur vor den Angreifern erreichen würde. Folglich ausweglos – keine Möglichkeit.

Mit aufwärtsgerichtetem Blick, immer den Himmel nach Fliegern absuchend und die Ohren aufs Äußerste gespitzt, um die Angreifer eventuell schon vor der Sicht auszumachen, trieb es uns vorwärts – nur vorwärts. Hören konnte man die „Russischen Nähmaschinen" vor ihrem Auftauchen, weil ihre Motorengeräusche einer ratternden alten Nähmaschine glichen. Also schienen unsere Ohren und unsere Sinne zu wachsen, um die Gefahr rechtzeitig einschätzen zu können. Der Körper schmerzte vor Anstrengung. Jeden Moment würden die Nerven versagen. Und doch blieb eine wundersame Ruhe in mir, eine Klarheit, Entschlossenheit und Handlungsfähigkeit, die mich erschreckte. Wie war das nur möglich? Auch mein Vater schien unerschütterlich in seinem Glauben und wirkte beruhigend auf die Pferde ein.

Und dann waren sie plötzlich da, die typischen dröhnenden Flugzeuggeräusche des herannahenden Feindes, die „Russischen Nähmaschinen". Meine Mutter sprang vom Wagen, riss meine Schwester mit sich, schubste sie in den Graben, riss den Schneezaun um und ließ ihn im Sprung in den Graben über sich niederfallen. Mein Vater und ich sprangen gleichzeitig vom Bock, ich hastete um die Pferde herum, mein Vater befreite sie vom Schwengel und den Steuerketten der Deichsel und ich ergriff das Zaumzeug. Ich stürzte los, riss die Pferde mit mir und hetzte über das Feld dem schützenden Wald auf der Anhöhe entgegen. Doch die Bäume schienen wieder ein wenig vor mir zurückzuweichen, während die Motoren der Maschinen rasant lauter wurden. Aus dem Augenwinkel nahm ich den Sprung meines Vaters unter einen Schneezaun in den Graben wahr. „Vorwärts – nur vorwärts", hämmerte es in meinem Kopf. Ich riss die unruhigen Pferde einige Meter mit mir. Auf keinen Fall wollte ich sie von der Hand lassen, denn sie sicherten unser Überleben, unsere Flucht. Doch auch die Tiere spürten die drohende Gefahr, zerrten an den Leinen und wollten steigen. Ich ließ ihnen keine Chance und hing mit aller Kraft an ihren Zügeln. Das Fohlen wieherte verzweifelt und tänzelte aufgeregt um seine Mutter herum. Im nächsten Moment verfingen sich die Pferde in den Zügeln, das Fohlen war gefangen, die Stute hatte sich die Leine um die Vorderhand gewickelt und zerrte an den Fesseln. Ich stemmte mich gegen meine Pferde, drehte meinen Kopf und starrte wie elektrisiert dem herannahenden Flieger entgegen. Schon zischten die ersten Kugeln rechts und links an mir vorüber, weitere Garben folgten. Um mich herum spritze die Erde hoch, Löcher entstanden im Acker, der Jäger entfernte sich. Die Pferde schnaubten verängstigt, die mangelnde Beinfreiheit verhinderte ein Steigen. „Die russische Nähmaschine" hauchte ich wie hypnotisiert und starrte dem Jagdflieger entgeistert nach.

Lebte ich noch?
Und meine Pferde?
Hielt ich sie?
Waren wir im Himmel?
Oder war das die Hölle?

Es war die Hölle und ich stand in ihrem Zentrum. Ich versuchte, die Leinen zu ordnen, um die Vorderhufe zu befreien. Doch mir blieben nur Sekunden. Der Flieger hatte bereits gewendet und flog erneut einen Angriff gegen mich. Ich sah ihn auf mich zukommen. Fast hätte ich ihn greifen können. Er feuerte aus allen Rohren. Ich sah direkt in das Mündungsfeuer. Die Erde spritzte auf. Die Pferde bäumten sich mit aller Kraft auf, doch ich hielt sie. Woher ich diese Kraft nahm? Ich hielt sie jedenfalls und stemmte mich gegen ihre Fluchtversuche. Das Feld um mich herum wurde durch die Kugeln der Geschütze regelrecht durchgepflügt. Der Flieger drehte ab. Ich blickte an mir herunter. Ich trug keinen Kratzer davon. Die Pferde wieherten, bliesen ihre Nüstern auf, das Weiß in ihren Augen schien gefährlich herauszutreten, doch ich hielt sie – lebendig. Der Pilot sah in mir offensichtlich eine Herausforderung, denn er flog erneut eine Kurve und visierte mich abermals an. Im Tiefflug überflog er die leichte Anhöhe und steuerte direkt auf mich zu. Durch die Narbe des Propellers sah ich die Bordkanone auf mich gerichtet. Sie zielte. Ich stand wieder im Kugelhagel der russischen Nähmaschine. Im Anflug sah ich in das verbissene Gesicht eines jungen Piloten. Für einen kurzen Augenblick starrten wir uns entsetzt an. Dieser Blick spiegelte das blanke Entsetzen des Krieges und die Fragwürdigkeit seines Handelns. Dann war der Spuk auch schon wieder vorüber. Ich stand auf einer kleinen Insel unversehrter Erde und erwartete machtlos einen erneuten Angriff. Doch der Jagdflieger drehte dieses Mal ab und entschwand stetig kleiner und leiser werdend am Horizont.

Mit dem Boden fest verankert stand ich starr vor Entsetzen auf meinem kleinen Fleckchen Erde, die Pferde fest im Griff, inmitten der aufgepeitschten Erde. Sekunden?

Minuten? Ich weiß es nicht mehr. Allmählich fasste ich mich, atmete tief durch, begann am ganzen Körper heftig zu zittern und wandte mich den Pferden zu. Ich sprach beruhigend auf sie ein. Aus unendlicher Ferne drangen Rufe an mein Ohr, doch richtig wahr nahm ich sie nicht. Allmählich wandte ich mich um und erblickte einige brennende Wagen, und dann sah ich meinen Vater. Er stürzte mir entgegen, rannte mich fast um, tastete mich von oben bis unten ab und riss mich dann in seine Arme. Ich rang nach Luft. Alles ließ ich über mich ergehen. Unter dem Schneezaun liegend hatte mein Vater alles mit starrem Entsetzen beobachten müssen. Er nahm mir die Pferde ab, tätschelte sie beruhigend, befreite sie von den Leinen und zog sie im nächsten Moment zurück zum Wagen. Ich stapfte mit hängendem Kopf hinter ihm her. Mit blassem Gesicht und zusammengekniffenen Lippen stürzte nun auch meine Mutter auf mich zu, drückte und herzte mich ohne Worte, ohne Tränen, denn die hatte sie schon lange nicht mehr. Meine Schwester flog mir in die Arme und schluchzte. Schließlich spannten wir die Pferde wieder vor den Wagen. Bleich, mit zitternden Knien, fahrig in meinen Bewegungen und Gedanken nahm ich wieder auf dem Kutschbock Platz. Allmählich kehrte ich in den Krieg zurück. Fassungslos blickte ich mich um und heftete die Augen auf den Ort des Wunders. Stand mein Schutzengel noch dort? Ausmachen konnte ich nichts.

„Danke", stammelte ich immer wieder.

Danke!

Er hat mich nicht getroffen – mit seinem Kugelhagel! Wie konnte das sein?

Die Erde um mich herum war übersät mit Kugeln und ich hatte keine einzige abbekommen.

Wie konnte das möglich sein?, fragte ich mich mit blanker Fassungslosigkeit.

War ich überhaupt noch der Gleiche? War das alles wirklich passiert?

Das starre Gesicht des Piloten tauchte vor meinen Augen auf. Ein junger Mann. Gedanken kamen und gingen. Das Gesicht ließ mich nicht los, es meißelte sich fest in meinem Hirn. Unauslöschlich brannte es sich ein. Ich wischte mir mit der Hand über die Augen, um die Bilder auszulöschen, doch sie blieben vor meinen Augen stehen. Schweigend saßen wir auf dem Wagen, jeder in der eigenen Dankbarkeit versunken. Die Pferde zogen unseren Wagen weiter durch die entstandenen Lücken, vorbei an vielen tragischen Schicksalen. Wir funktionierten. Weitere Angriffe blieben aus. Der Abend kündigte sich an, und wir lenkten unsere Pferde in ein am Wegesrand liegendes, bereits verlassenes Dorf. Ich versorgte schweigend die Pferde für die Nacht mit einer extra Portion Futter. Jeder von uns richtete sich für die Nacht ein, so gut es ging, doch an Schlaf war nicht zu denken. Ich stand noch immer reglos auf dem Feld, sah in die Propellernarbe und blickte in das Gesicht des jungen Piloten. Ich hatte einen mutigen Schutzengel. Es war mein Schutzengel. Im Vertrauen auf ihn und im Gebet vertieft, versank ich für ein paar Stunden in einen tiefen Schlaf.

Bei Tagesanbruch ordneten wir die Dinge für den Aufbruch rein mechanisch. Die Ruhe um uns herum nahmen wir nicht wahr. Nichts konnte in mich eindringen. Wir waren hoffnungslos übermüdet, ausgelaugt, überfordert – aber auch überglücklich. Wir hatten überlebt – in der Hölle. Lautes Stimmengewirr ließ uns kurz aufhorchen. Doch die Worte füllten wir inhaltlich nicht. Die Russen hatten uns eingekesselt, heißt es. Was sollte noch schlimmer sein, als im Kugelhagel zu stehen? Ich hatte ja einen Schutzengel. Mit stoischer Ruhe versorgte ich die Pferde, bereitete alles zum Aufbruch vor. Doch dann wurde es erneut unruhig um uns herum. Immer wieder vernahm ich das magische Wort. Bestimmt ein Missverständnis, eine Ente, ein zufällig in die Welt gesetztes Gerücht, bei dem der Wunsch Vater des Gedankens war und sich nun verselbstständigte. Doch dann durchdrang das Wort auch mich. Das Flehen der letzten Tage, sollte es geholfen haben?

Waffenstillstand.
Waffenstillstand?
Waffenstillstand!!

Der Krieg war zu Ende? Aus? Ja, er war zu Ende, aus – am 8. Mai 1945! Und was jetzt? Nach einer Pause der Rückversicherung kehrten wir um und machten uns auf den Weg in die alte neue Heimat.

Der alte Mann schweigt und starrt in den Gartenteich, ohne wirklich etwas zu sehen. Die aufwallenden Emotionen und die ergreifenden Bilder schütteln ihn, doch er bleibt ganz ruhig, holt tief Luft und fährt mit vibrierender Stimme leise fort: „Und so feiere ich wieder einmal meinen zweiten Geburtstag kurz nach meinem ersten. Mein Schutzengel hat es so arrangiert."

Mit einem verschmitzten Lächeln fügt er hinzu: „Ich glaube, er trug schon damals eine kugelsichere Weste."

Und nach einer Pause ergänzt er mit einer beneidenswerten Ruhe und Sicherheit: „Und noch immer sehe ich dem russischen Piloten direkt in die Augen. Ich würde ihn auch noch heute wieder erkennen. Ich könnte ihn malen. Und sollte ich einmal in den Himmel dürfen, treffe ich vielleicht auf meinen russischen Piloten. Und dann werde ich ihn fragen, was er damals, im Mai 1945, gedacht und gefühlt hat", spricht der weißhaarige Herr diplomatisch lächelnd.

Es folgt wieder eine ergreifende Pause.

Der alte Mann flüstert: „Ich kann auch nach so vielen Jahren nicht fassen, dass ich dieses Inferno damals überlebt habe."

Er schüttelt den Kopf, richtet sein Gesicht dann auf gen Himmel und fragt kaum vernehmbar: „Wie hast du das nur fertig gebracht – damals? Danke, dass ich mich zu jener Zeit und ein Leben lang auf dich verlassen konnte – du mein Schutzengel."

Betroffenes Schweigen auf der roten Bank in der Idylle des Gartens auf Erden.

„Ja, es gibt ihn wirklich – meinen Schutzengel! Daran glaube ich ganz fest."

Der Krieg frisst die Courage

Ich sitze neben meinem Großvater auf der Veranda und habe meinen Arm um seine Schultern gelegt, so als wollte ich den fast neunzigjährigen zerbrechlichen Mann schützen. Er hält sich kerzengerade, ja stolz in seinem Sessel, den ich in die Frühlingssonne geschoben hab, damit sie ihn wärmt. Sein volles Haar hatte er zur Feier des Tages sorgfältig in eine Rolle gelegt. Ich lasse mich neben ihm auf einem Gartenstuhl nieder, rücke noch näher an ihn heran, um seine „Vergangenheit" besser zu verstehen. Wir genießen die Wärme, die Ruhe, die Zweisamkeit. Und immer, wenn mein Großvater zufrieden ist mit sich und der Welt, beginnt er zu erzählen, denn er weiß, dass er in mir eine aufmerksame Zuhörerin hat.

Frühling. Endlich Frühling. Trotz des Krieges mit Kanonendonner, Militärpräsenz, Verlusten, Hunger, Tod und Sterben. Eine Insel des Friedens inmitten des Infernos. Die Natur, die sich am Weltgeschehen nicht orientiert, sich nicht vor ihm beugt. Das frische Grün zieht duftend durch den Park, die bunten Tupfer der ersten Frühlingsboten erfreuen das Gemüt und die Sonne erwärmt die Seele.

„Komm, wir gehen in den Kurpark, den haben sie wieder so wunderschön angelegt", schlug meine Frau als passionierte Gartenfreundin vor. Und so machten wir uns auf nach Salzbrunn im Kreis Waldenburg im Mai 1944.

Der Park war bereits gut besucht, die gleiche Idee hatten offensichtlich auch noch weitere Menschen, die den Frieden suchten und die Natur genießen wollten. In das sonntägliche Treiben mischten sich auch ein paar uniformierte Soldaten von unterschiedlichem Rang und einige Verwundete, die zurzeit in der Genesungskompanie am

Kurpark verweilten. Einige saßen auf den Bänken und überließen der Sonne den Gesundungsprozess, andere wandelten mehr oder weniger beweglich durch den Park.

Nach einer Weile lockeren Bummelns begegneten wir drei Verwundeten, die sich mehr recht als schlecht vorwärts bewegten. Wir wechselten ein paar empathische Worte mit ihnen, wünschten dann weiterhin eine gute Genesung und zogen schweigend weiter. Der eine Soldat trug seinen linken Arm in einer Schlinge, sein Bein war geschient, so bewegte er sich mühsam vorwärts. Ein anderer hatte eine schwarze Augenklappe und einen Kopfverband, der noch ein Ohr bedeckte. Der dritte humpelte mit einer Krücke ungelenk voran, denn sein linkes Bein hatte der Krieg getroffen, die Splitter einer Granate. Wir empfanden tiefes Mitgefühl mit den drei leidenden Gestalten und zollten ihnen durch unsere Aufmerksamkeit kurz unseren Respekt vor ihnen als Soldaten, die für ihr Vaterland ihr Leben riskiert hatten.

Von Weitem schon fiel uns ein sehr junger Offizier auf, der zackigen Schrittes und aufmerksamen Blickes auf uns zu marschierte. Schließlich überholte er die drei Verwundeten knapp, drehte sich zackig um, wandte sich ihnen dann abrupt zu und schnauzte: „Ein deutscher Soldat grüßt!" Völlig überrumpelt und zu Tode erschrocken rissen die drei ihre rechten Hände hoch, versuchten, die Stirn zu treffen, und stotterten den gewünschten Gruß.

„Sie sind eine Schande für das deutsche Vaterland!", schrie der Offizier völlig überzogen. Verstohlen blickten sich einige Spaziergänger um.

„Haben sie das Grüßen nicht gelernt! Noch einmal! Aber zackig!" Alle Kräfte mobilisierend grüßten die verwundeten Soldaten mit großer Mühe. Doch das reichte dem impertinenten Grünschnabel noch immer nicht.

„Sie gehören standrechtlich erschossen!", schrie er. „Ein deutscher Soldat grüßt vorschriftsmäßig! Noch einmal!" Wieder gaben die drei Verwundeten ihr Bestes, doch es wurde nicht besser, ihre Kräfte schwanden, Adrenalin hielt sie aufrecht.

Die Leute rund herum wurden aufmerksam, hielten inne und den Atem an, sie verfolgten das Drama mit ängstlichen Blicken, das Entsetzten machte sich breit. Es herrschte knisternde Stille im Park, der Frühling schien zu pausieren. Meine Frau hielt meinen rechten Arm fest umklammert, wie ein Schraubstock hielt sie mich zurück. Ich hatte mich bereits umgedreht und einige Schritte getan, um diesem jungen Schnösel die Meinung zu sagen, um ihm Respekt einzubläuen. Nein, ich hätte ihn aus seiner Uniform geprügelt, denn die Achtung vor dem Menschen hatte er verloren. Doch was wäre die Konsequenz für mich gewesen? Meine Frau hatte in diesem Moment Weitblick bewiesen und mich von einer großen Dummheit bewahrt, nein, nicht vor einer Dummheit, sondern vor einem grausamen Gefängnisaufenthalt, vor dem sicheren Tod. Meine Courage hätte mich dieses Mal ganz sicher mein Leben gekostet, denn schon einmal wurde mein spontanes Eingreifen unbarmherzig geahndet. Alle anderen Zuschauer hatten die Situation offensichtlich ebenso eingeschätzt und blieben wie versteinert auf Distanz, einige besonders Schlaue entfernten sich schnellstens vom Ort des Geschehens. Nach einer erneuten verbalen Attacke und einem lautstarken Kommando lief die Zeremonie noch einmal ab, jedoch wieder nicht zur Zufriedenheit des Uniformierten.

Doch der Offizier bemerkte das zunehmende Interesse einer wachsenden Menschenmenge und ließ von den drei Verwundeten ab, zur Erleichterung aller Spaziergänger. Sein gestrenger Blick glitt flüchtig über die Menschen hinweg, dann drehte er sich abrupt um und verschwand so zackig, wie er gekommen war. Die drei Betroffenen sahen dem Offizier noch lange entsetzt nach, blieben zitternd zurück, waren ratlos. Nach einer Weile eilte ich auf sie zu.

„Brauchen Sie Hilfe?" Mit weit aufgerissenen Augen starrten sie mich an.

„Haben wir den Krieg nur mit knapper Not überlebt, um uns in der Heimat fertigmachen zu lassen?", stotterte einer der Männer fassungslos.

„Der hat bestimmt noch keine Kugel pfeifen hören oder wimmernd neben einem Granateneinschlag im Dreck gelegen!", presste ein anderer hervor.

„Nein, der muss aufpassen, dass sich nicht einmal eine Kugel verirrt, wenn ich ihm noch einmal begegnen sollte!", flüsterte der dritte, am ganzen Leib bebend und blickte dem jungen Offizier mit hasserfülltem Blick nach. Ich sah die Soldaten verständnisvoll an und suchte stockend nach Erklärungen: „Seine Courage steckt nur in der Uniform ..." Ich machte eine Pause und bemühte mich um weitere Worte: „... und ... ihm fehlen grundlegende menschliche Eigenschaften, folglich wird er weder in Friedens- noch in Kriegszeiten einem Menschen Respekt entgegenbringen, aber auch keine Leistungen mit Achtung zu würdigen wissen. Allerdings wird er auch seinerseits nie Respekt und Achtung erfahren. Ihr aber habt euch beides bereits verdient!"

Grenzerfahrungen

Es war dunkel. Stockdunkel. Unheimlich dunkel. Vor mir die schmale Sichel des untergehenden Mondes im Dunkel der weichenden Nacht. Links von mir der dichte Laubwald mit seinen mächtigen Eichen und den weit ausladenden Buchen, der sich gegen die Nacht kaum abhoben. Dazwischen dichtes Gestrüpp und stachlige Büsche, die fast an mir vorbeistrichen. Auf der anderen Seite konnte ich gerade noch den Rain des abgeernteten Kartoffelfeldes ausmachen. Und hinter mir zeichnete sich der mächtige, schwarze Kiefernwald vor dem herannahenden Morgen scharf ab. Dort war auch die Grenze, der Eiserne Vorhang des Walter Ulbricht. Oder war es Honecker, der die Menschen einsperrte? Jedenfalls ereiferte sich mein Opa, der sonst ein ruhiger und besonnener Mann war, immer besonders laut und derb über diesen Unhold, der Menschen und Tiere mitten im eigenen Land voneinander trennte bzw. sie auf der anderen Seite einsperrte.

An der Grenze, gleich hinter dem Kiefernwald, ist die Welt zu Ende, da geht es einfach nicht mehr weiter. Schluss. Aus. Ende. Die Grenze beherrschte das Leben hier im entferntesten Winkel der Erde, doch sie vermittelte auch ein gewisses Maß an Sicherheit. Ja, Sicherheit, denn wir waren fast eingeschlossen von dem Stacheldraht mit seiner Selbstschussanlage und wurden streng bewacht von den patrouillierenden Grenzsoldaten. Deshalb war hier, gleich hinter der Zonengrenze, die Welt noch in Ordnung. Wir fühlten uns sicher vor der westlichen Welt da draußen, die auf uns im Outback des Landes manchmal bedrohlich wirkte.

So war es auch an diesem Morgen. Ich radelte gemütlich einem anbrechenden grauen Tag im Spätherbst entgegen, auf dem Weg zur Schule. Es herrschte eine unheimliche Stille, die jedes noch so kleine Geräusch zu einem Dröhnen erhob. Ich starrte gebannt auf den Weg vor mir, um die schmale Furt des unebenen Radweges nicht zu verlassen. Ich hätte ja auch den Dynamo anschalten können, so, wie es mein Vater wollte. Doch was konnte der schon ausrichten gegen das Schwarz der sinkenden Nacht? Da verließ ich mich lieber auf meine Augen, die sich bereits an das tiefe Einheitsgrau gewöhnt hatten.

Es war ein ungewöhnlich angenehmer, fast milder Morgen, der bereits den nahenden Winter erahnen ließ. Der Wald schien friedlich in dieser warmen Stille des anbrechenden Tages, und ich fühlte mich eins mit der Welt, die mich sicher umfing. Ich empfand Geborgenheit in dieser gespenstischen Nähe und der Ruhe des Waldes. Meine Gedanken eilten derweil voraus in die Schule, in den weißen Klassenraum. Im Geiste sah ich schon den alten, dicklichen Lehrer König, der immer so schnell zornig wurde und dann mit hochrotem Kopf, kreischend wie eine alte stumpfe Kreissäge, nachdem sie einige Raummeter Eichenholz gefressen hatte, majestätisch durch die Klasse schreiten. Die Hände legte er auf seinem durchgedrückten Rücken ineinander, den runden, roten Kopf streckte er erhaben in die Höhe und seinen Bauch schob er stolz vor sich her. Manchmal hatte ich sogar Mitleid mit ihm, denn ich erwartete jeden Moment das Platzen seines Fußballkopfes, wenn er sich wieder einmal über Dieter oder Detlef aufregte. Das waren aber auch so richtige Rotzbengel, die jeden zur Weißglut bringen konnten.

In Gedanken versunken radelte ich automatisch vorwärts der Nacht hinterher. Plötzlich fühlte ich eine unheimliche Nähe. Was konnte das nur sein? Das Gefühl wurde stärker. Irgendetwas störte diesen morgendlichen

Frieden der Natur. Mein Herz klopfte laut, es raste. Ich öffnete den Mund. Ich wollte schreien, doch die Angst schnürte mir den Hals zu.

„Sei ganz still und duck dich, dann sieht dich keiner", flüsterte ich mir zu.

Und wenn jemand doch meinen Herzschlag hörte? Da war es wieder, ganz sicher: Bum. Bum. Bum. Etwas schlugt gleichmäßig dumpf auf den Waldboden auf. Was in Gottes Namen konnte das sein, hier am Ende der Welt.

Tausend Gedanken schießen mir blitzartig durch den Kopf. Automatisch bewegen sich meine Beine auf und ab, doch meine Füße spüren die Pedale nicht mehr.

Bum. Bum. Bum.

Es kommt direkt auf mich zu. Ein Elefant, ein Ungeheuer, ein Mammut oder gar ein Monster? Wie in Trance trete ich weiter in die Pedalen und starre gebannt in die Ferne, um das Dunkel zu durchbrechen. Jeden Moment muss es vor mir aus dem Wald springen. Da, die alte Feldscheune. Dunkel, unschuldig und halb verfallen liegt sie vor mir. Die Erntemaschinen überwintern an diesem abgelegenen Ort. Könnten die mir helfen? Kann ich mich hinter oder vielleicht sogar in ihnen verkriechen? So ein Quatsch. Wie sollen die mich vor einem Monster schützen?!

Bum. Bum. Bum.

Es nähert sich unaufhaltsam, und das Knacken von vertrockneten Ästen erinnert an das Krachen von Bäumen im Sturm.

Und wieder: Bum. Bum. Bum.

Mal härter – mal weicher. Es muss direkt vor mir sein. Kann das Ungeheuer nicht einfach stehen bleiben und mich am Leben lassen? An mir ist doch eh nicht viel dran. Schon in der nächsten Sekunde erwarte ich, dass es aus dem Wald heraustritt. Es wird es mich niedertrampeln, mich bei lebendigem Leibe verschlingen oder mich schnappen und mit mir durch das Dunkel davonjagen. Mein Fahrrad rollt holpernd aus. Wie unter Hypnose setze ich zunächst sachte einen Fuß auf die Erde und ganz allmählich findet sich auch der zweite auf dem Boden wieder. Gebannt starre ich dem Bum-Bum-Bum entgegen und erwarte ergeben die unausweichliche Macht des Schrecklichen.

Seltsam ruhig, fast gelassen halte ich die Griffe meines Lenkers und atme gleichmäßig durch, auf alles gefasst. Es scheint eine unendliche Ewigkeit zu vergehen. Eine Ewigkeit, in der sich eine Gelassenheit durch meinen Körper schlängelt und ein tiefes Vertrauen in die Welt nach sich zieht. Ich starre mit weit aufgerissenen Augen meinem Schicksal entgegen. Es kann mir doch nichts passieren, hier am Ende der Welt, gleich vor dem unüberwindlichen Stacheldraht des Herrn Ulbricht. Von dort kann doch keiner kommen, um mich zu bedrohen. Und von vorn? Was soll aus dieser Richtung schon kommen. Dort entschwindet gerade die schwarze Nacht und nimmt jede Bedrohung mit. Außerdem verirrt sich freiwillig niemand in den abgelegensten Winkel der vergessenen Welt.

Bum. Bum. Bum.

Jetzt ist es unmittelbar vor mir. Immer noch stiere ich gebannt in das Dunkel des Waldes.

Und da – urplötzlich baut sich vor mir ein mächtiger Schatten auf. Ein kräftiges Schnauben holt mich abrupt zurück auf die Erde und lässt mich bis ins Mark zusammenfahren.

„Guten Morgen!", brummt es gedehnt und etwas müde, aber auch ein wenig amüsiert von oben herab durch die Waldesstille.

Oh Gott sei Dank! Nein! Kein Monster. Ein Zentner von einem Felsbrocken der Erleichterung plumpst vor mir in die Furt des Weges. Nur der Höper. Dass ich nicht gleich darauf gekommen bin! Es konnte doch nur ein Zöllner der Nachtstreife hoch zu Ross seinen Dienst versehen! Aber musste der denn quer durch den Wald reiten und mich dadurch so in Angst und Schrecken versetzen, ja, mich um mein Leben bangen lassen? Hätte er nicht wie jeder andere den Reiterpfad nehmen können?

Verdammt, dieser Knallkopf! Streifte der doch quer durch das Gebüsch wie ein Indianer auf Kriegspfad. *Und ich wäre deshalb fast – aber auch nur fast – gestorben*, dachte ich unendlich erleichtert, aber auch wütend und drehte mich nachdenklich um, damit ich ihm noch eine Weile versonnen nachblicken konnte.

Leichten Trabes verschwand seine immer kleiner werdende Silhouette allmählich hinter der nächsten Wegbiegung – gen Morgen. Ich schwang mich leicht wie eine Feder auf mein Fahrrad und radelte der weichenden Nacht hinterher – gen Schule.

Wenn Neugierde stinkt

Es war wie immer eine spannende Zeit, die Zeit, in der sich das Leben auf dem Bauernhof erneuerte, und der langersehnte Frühling sich breitmachte. Wir konnten es kaum erwarten, die neuen, putzigen kleinen Erdenbürger zu begrüßen: die Lämmchen, die Kätzchen, die Kälbchen, die Hühner- oder Gänseküken. Jedes kleine Wesen wurde freudig in Empfang genommen und gebührend bewundert. Besonders die kleinen wuschligen gelben Bündelchen, die Gänseküken, liebten wir heiß und innig, und mit Spannung beobachteten wir den viel zu langwierigen Brutprozess der Gänsemutter.

Eines Nachmittags waren wir wieder einmal mit einem Eimer warmen Wassers auf dem Weg in den Gänsestall, um die Eier zu schwemmen und Leben zu identifizieren. Liesel saß auf ihrem Nest und bebrütete geduldig ihre letzten beiden Eier. Um sie herum tschilpte es mehr oder weniger kläglich, und ab und zu drängte sich ein kleines gelbes Köpfchen durch das aufgeplusterte weiße Federkleid der brütenden Gänsemutter. Unter der wärmenden Rotlichtlampe daneben herrschte ein inniges Gewusel von gelbem Flausch mit kleinen schwarzen Stecknadelköpfen.

Liesel streckte uns zischend ihren Kopf entgegen und plusterte sich mächtig auf, bereit, ihren Nachwuchs zu verteidigen. Ich blieb in gebührendem Abstand vor ihr stehen, während meine Oma beruhigend auf sie einredete, sich ihr vorsichtig näherte und dann mit einem geschickten Griff in einem günstigen Moment die Schwingen der Gänsemutter erfasste und sie flügelschlagend und unter lautem Protest vor die Tür beförderte. Auf diese Art und Weise abgesichert stellte ich nun den Eimer neben das Nest und nahm sofort interessiert die großen Eier in Augenschein.

Ganz behutsam nahm ich dann eines in die Hand, tastete es vorsichtig ab und entdeckte tatsächlich an einer Stelle die angepickte Schale.

„Herzlich willkommen!", flüsterte ich.

Ganz behutsam entfernte ich ein wenig mehr von der Schale, um dem kleinen Schnäbelchen etwas Arbeit abzunehmen. Dann legte ich es behutsam zurück ins Nest, um der Natur ihren Lauf zu lassen. An dem anderen Ei war kein möglicher Austritt zu erkennen. Bedächtig legte ich es dann auf das warme Wasser – in Erwartung von Leben. Ich starrte gebannt auf das Ei, um das leiseste Lebenszeichen nur nicht zu verpassen. Doch es blieb alles ruhig. Nichts tat sich. Ich stupste es vorsichtig an, um Leben zu provozieren, schickte aber parallel ein inniglisches Stoßgebet gen Himmel. Doch eine Antwort blieb aus.

„Da ist kein Leben zu erwarten", resümierte meine Oma bedauernd, die über dem ganzen Geschehen sorgfältig wachte.

„Was kann ich tun?", jammerte ich verzweifelt und wollte noch nicht aufgeben.

„Das hat keinen Sinn. Du wartest vergebens auf ein Lebenszeichen. Es wurde zwar angebrütet, aber manchmal wächst in einem Ei eben kein Küken heran", erklärte meine Oma geduldig.

„Schade", murrte ich enttäuscht.

„Ja, das ist schade, aber so ist das Leben", stellte meine Oma abschließend klar heraus und fuhr fort: „Und nun entsorgen wir das Ei auf der Miste!"

„Aber, aber ..., das geht doch nicht", stotterte ich entsetzt. Doch meine Oma nahm es entschlossen auf und erklärte geduldig: „Wenn das letzte Küken der Gänsemama in einigen Stunden geschlüpft sein wird, kann sie sich voll und ganz ihrer Kinderschar widmen."

So versuchte meine Oma meine Aufmerksamkeit auf das bereits existierende Leben zu lenken, nahm das faule Ei auf und begab sich zur Miste.

Mich aber packte die Neugier.

„Was ist in diesem angebrüteten Ei eigentlich drin?", fragte ich neben ihr herhopsend. „Kann ich da mal reingucken?"

„Es enthält Faulgase", antwortete meine Oma kurz angebunden.

„Faulgase?", wiederholte ich gedehnt. „Dann kann ich das Ei doch köpfen und seinen Inhalt untersuchen!"

Meine Oma lachte laut auf. „Nein! Das lass lieber schön bleiben!!! Das könnte dir schlecht bekommen!", amüsierte sie sich und legte vorsichtig das Ei auf der Miste ab.

Ich beobachtete den Vorgang und fragte mich, warum sie so vorsichtig war. Irgendetwas stimmte hier nicht so ganz, dachte ich misstrauisch. Wenn doch keine Küken mehr drin sind, könnte sie es doch einfach im hohen Bogen auf die Miste werfen.

Ich wagte mich an das Ei heran, beäugte es fragend, überlegte kurz, drehte mich entschlossen um und holte mir eine Forke aus dem Schuppen. Meine Oma kümmerte sich bereits liebevoll um die Gänseküken und deren aufgebrachte Mutter. Mit der Forke in Verteidigungsstellung und auf alles gefasst, näherte ich mich dem Ei auf der Miste. Ich sah mich kurz zu meiner Oma um, doch die war beschäftigt. Also ging ich entschlossen zum Angriff über, um dem Geheimnis von angebrüteten Gänseeiern auf den Grund zu gehen. Ich holte gezielt zum Schlag aus und erwischte das Ei prompt beim ersten Streich. In den Augenwinkeln sah ich das entsetzte Gesicht meiner Oma, und ihr warnendes „Nein" wurde von einem lauten Knall begleitet, unmittelbar gefolgt von meinem vor Entsetzen gellenden, langgezogenen Schrei. Dann herrschte zunächst gespenstische Stille.

Ich stand wie erstarrt hoch oben auf dem Misthaufen und war zu keiner Regung fähig. Automatisch wischte ich mir mit den Händen durch das verschmierte Gesicht, sah dann an mir herunter, fuhr mir mit den Fingern durch die seltsam gegelten Haare und befühlte weiter die langen Zöpfe von oben nach unten. Nun erfasste ich das volle Ausmaß der Katastrophe und stieß erneut einen markerschütternden Schrei aus. Noch immer stand ich bewegungslos oben auf dem Hügel der Miste.

„Komm jetzt runter!", befahl meine Oma.

„Aber das stinkt doch so ungemein!", jammerte ich nun und die ersten Tränen rollten mir über das Gesicht.

„Du kannst ja dort oben stehen bleiben, du passt doch hervorragend dort hin!", lästerte meine Oma schmunzelnd.

Langsam, Schritt für Schritt stieg ich von der Miste herab. Der ekelerregende Geruch schien mich schier zu verschlingen, mir wurde übel und ein massiver Würgereiz fesselte mich.

„Wer nicht hören will, muss fühlen", zeterte meine Oma mit ernstem Gesicht, aber brach im nächsten Moment in schallendes Gelächter aus. „In jedem Fall weißt du jetzt, was in einem angebrüteten Ei so drin ist!", schüttelte sie sich halb vor Lachen und halb vor Ekel.

Durch das unüberhörbare Spektakel herbeigelockt, stimmten mein Opa und meine jüngere Schwester in das schadenfrohe Gelächter mit ein, während ich verzweifelt mit den Tränen kämpfte und meine Hände hob. Ich stank wie die Pest – einfach bestialisch, Gülle dagegen war eine edle Duftnote.

„Na, dann werde ich dir mal ein Bad vorbereiten", japste mein Opa und wischte sich die Lachtränen aus seinem Gesicht.

„Und du ziehst dich hier draußen aus, denn diesen Gestank bekämen wir nicht mehr aus dem Haus!", ordnete meine Oma kategorisch an.

Entsetzt starrte ich sie an. „Hier draußen??", wagte ich einen vorsichtigen Einwand. Doch sie kannte kein Erbarmen und ich hatte schließlich ein Einsehen. So entledigte ich mich meiner ekelerregenden Kleidung wie in Trance und mit Tränen, die mir jetzt unaufhörlich über die Wangen kullerten. Zwischenzeitlich hatte meine Oma einen alten Kartoffelsack geholt und steckte kommentarlos und mit ekelverzerrtem Gesicht meine Kleidung in den Sack und später ins Feuer. Ich trottete fast nackt, mit hängendem Kopf, rebellierendem Magen und leise schluchzend in Richtung Badezimmer.

Ich saß in der Badewanne unter einer Decke aus weißem Schaum und fragte mich, wie sich so ein unvorstellbarer Gestank auf dieser Welt entwickeln konnte. Dies wollte ich allerdings später erforschen. Nach dem dritten Bad, einer großen Flasche Duftschaumbad und der fünften Haarwäsche mit einigen duftenden Zusätzen aus den geheimen Parfümvorräten meiner Oma, wurde ich schnuppernd wieder im Kreis der lachenden Familie aufgenommen. Ein denkwürdiger Sonntagabend im Frühling klang fröhlich aus, wurde in der Familienchronik verewigt und in jedem neuen Mai wieder schmunzelnd und spöttelnd zum Besten gegeben – und immer mit einem zwinkernden Seitenblick!

Ein toller Jahrgang

Schweigend saßen die beiden Männer vor einem Glas Bier und starrten in die Ferne. Jeder hing offensichtlich seinen Gedanken nach, ein Lächeln huschte ab und zu um ihren Mund, ein Nicken von Zeit zu Zeit bestätigte ihre Erinnerungen an Szenen ihres Lebens.

„Wir sind doch eigentlich ein ganz brauchbarer Jahrgang gewesen", brach Hermann das Schweigen. „Wir haben den Krieg überlebt, eine große Familie geschaffen, beruflichen Erfolg gehabt und sitzen jetzt hier – Gott sei Dank – noch einigermaßen beieinander."

„Ja, da hast du recht!", bestätigte Bernhard. „Das ist nicht selbstverständlich!"

„Und außerdem sind wir ein charmanter Jahrgang!", nahm Hermann das Gespräch wieder auf. „Wie meinst du das?", wollte Bernhard wissen und blickte seinen Kumpel stirnrunzelnd an. Der lächelte verschmitzt mit einem Leuchten in den Augen: „Wir haben berühmte Weggefährten vom gleichen Jahrgang, von denen ich den einen oder anderen gern mal getroffen hätte!"

„Wen denn zum Beispiel?", hakte Bernhard nach.

Die beiden Männer überlegten kurz und gerieten bald ins Schwärmen. „Da wäre zum Beispiel der dicke Günter Strack, der für sein Leben gern aß und der als schwergewichtiger Winzerkönig den Wein in vollen Zügen genoss oder als Rechtsanwalt so manchen kniffligen Fall löste!", erklärte Bernhard in Fahrt gekommen. „Der hat sein Leben genossen!"

„Das mag wohl sein, doch dachte ich beim Genießen eher an das schöne Geschlecht!", lachte Hermann.

„Du Schwerenöter!", frotzelte Bernhard. „Und das in deinem Alter!"

„Gerade ich in meinem Alter!", betonte Hermann und richtete sich auf. „Ich bin doch topfit, aber harmlos!"
Die beiden Freunde prosteten sich lachend zu.
„Im Ernst. Ich denke da an die Audrey!", träumte Hermann. „Oh ja, schön war sie, die Audrey Hepburn. Ich hätte sie gern einmal getroffen. Sie wurde damals als das ‚zarteste Elfenwesen der Leinwand' bezeichnet, denn mit ihrer Anmut, ihrer Bescheidenheit und ihrer märchenhaften Lustigkeit bezauberte sie die Menschen – und ich bin in jeden Film mit ihr gerannt!", schwärmte er und schmunzelt vielsagend. „Sie war übrigens zwei Mal verheiratet – ich wäre gern ihre Nummer drei geworden."

„Kündigt sich da der dritte Frühling bei dir an?", zog Bernhard seinen Freund auf. „Mein Fall wäre da eher die Jackie gewesen!"

„Typisch, du machst dich gleich an eine First Lady ran!", lachte Hermann.

„Ich beugte mich über den Spargel und bat sie um eine Verabredung", sprach Bernhard weggetreten.

„Hast du 'nen Knall? Meinst du, so gewinnst du einen Blumentopf bei einer Frau, so plump wie du dich anstellst?", rügte Hermann seinen Freund.

„Quatsch, das soll der John F. Kennedy zu ihr gesagt haben und sie wurde dann von ihm ins Weiße Haus geführt. Ich hätte sie auch gern entführt", meinte Bernhard.

„Du hättest doch mit einer so schönen Frau nichts anfangen können", frotzelte Hermann jetzt. „Sie war klüger, und nahm lieber den schwerreichen Onassis."

„Doch ist sie glücklich mit ihm geworden? Nein! Sie hätte lieber mich wählen sollen", regte Bernhard sich auf.

Männliches stolzes Schweigen.

„Ich dagegen mochte die Liselotte sehr", erinnerte sich Hermann.

„Ach, du meinst die Pulver?", fragte Bernhard nach.

„Ihr helles markantes Lachen, als sie die Piroschka aus Ungarn spielte, klingt noch immer in meinem Ohr. Sie hat mich einfach verzaubert. Damals war sie noch so jung und unendlich zerbrechlich, aber auch verführerisch und heute …" Hermann schluckte.

„… wäre sie auch über achtzig Jahre alt, genau wie wir", fiel Bernhard ihm ins Wort.

„Ich hätte sie auf Händen getragen", schwor Hermann.

In stillem Einvernehmen bilanzierten sie die stille Sehnsucht nach der unwiederbringlichen Vergangenheit.

Dann unterbrach Bernhard die Stille: „Hätte ich die Anne Frank getroffen, wäre sie nicht in Bergen-Belsen ums Leben gekommen, denn die Nazis hätten sie nicht gefunden. Ich habe sie bewundert", schwor Bernhard und berichtete aus ihrer Biografie.

„Ja, eine tragische und starke Figur", bestätigte Hermann nachdenklich. „Da hätte ich doch liebend gern die Stelle von Fürst Rainier eingenommen."

„Du als Fürst von Monako?! Ich lach mich tot", rief Bernhard vergnügt und schlug mit der Hand auf den Tisch. „Aber ich gebe zu, die bildhübsche Grace Kelly war wirklich eine ausgesprochene Schönheit, die hätte ich auch nicht … na, geschubst, du weißt schon …!", meinte er und leerte sein Bierglas.

„Ich dagegen wäre bereitwillig bei Eva Pflug mal Käpt'n Kirk gewesen. Bei dem engen Outfit", hauchte Hermann und schloss genießerisch die Augen. „Mit Vergnügen hätte ich ihr einen Klaps auf den sexy Po gegeben und dann wären wir gemeinsam durch die Unendlichen Weiten des Weltalls geflogen! Wir hätten uns dann an geheime Orte gebeamt, an denen wir ungestört gewesen wären."

Bernhard murmelte: „Doch dritter Frühling", und zog eine Grimasse.

„Wem ich noch gern begegnet wäre: der Christa Wolf. Sie war eine der bekanntesten deutschen Schriftstellerinnen", erklärte Bernhard, unsicher nach unten blickend, denn Hermann sah ihn erstaunt an und bedeutete spontan: „Die wäre mir zu intellektuell gewesen! Mit der hätte ich ja erst diskutieren und rezitieren müssen, ehe ... na ja, du weißt schon!"

In diesem Moment klappte eine Tür und holte die beiden Freude abrupt in die Realität zurück.

„Na, hattet ihr einen schönen Abend?", erkundigten sich die beiden Frauen fürsorglich. Ein einstimmiges, langgezogenes „Jaaa" war die knappe müde Antwort der beiden Männer aus dem charmanten Jahrgang.

Eine kolossale Zugfahrt

„Wagen 9 – Fensterplatz 63 – mit Tisch", wiederholte ich unaufhörlich, während ich am ICE entlanghetzte. Da – Gott sei Dank! Erleichtert stieg ich ein. Ich ging aufmerksam durch den Mittelgang, den Blick immer nach oben gerichtet, auf der Suche nach meinem Platz; meinen Koffer zog ich hinter mir her.

Der ICE *Prinz Eugen* Richtung Nürnberg fuhr langsam an und ich entdeckte erleichtert meinen Sitzplatz mit der ausgewiesenen Reservierung. Ich grüßte freundlich meine Mitreisenden, deponierte meinen Koffer hinter dem Sitz, nahm meinen Rucksack ab, packte meine Bücher und das Manuskript aus und ordnete alles auf dem kleinen Tischchen. Langsam sammelte ich mich und meine Gedanken und nahm den roten Faden meines Fachartikels wieder auf. Ab und zu warf ich einen ordnenden Blick aus dem Fenster und genoss die Ruhe. Ein Gefühl von Vorfreude auf Urlaub stellte sich ein, denn in wenigen Stunden würde ich meine Tochter wieder in die Arme schließen. Trotzdem vertiefte ich mich aufmerksam in meinen Text, nahm die Umwelt nur peripher und in der Notwendigkeit wahr und befand mich im Einklang mit mir und meiner Welt.

Der Zug hielt irgendwann. Richtig. Fulda. Nach einem kurzen Aufenthalt setzte sich der ICE wieder in Bewegung. Ich warf einen flüchtigen Blick auf die vorbeiziehende winterliche Tristesse der dunklen Häuserfronten. Der nächste Satz meines Tests war inhaltlich nicht stimmig. Ich kniete mich gedanklich hinein. Mein Kopf rauchte. Ich kaute an meinem Kuli. Von Ferne drangen Geräusche und eine männliche Stimme an mein Ohr.

„Entschuldigung, ich habe den Platz neben Ihnen reserviert!" Ich fühlte mich nicht angesprochen. Die Stimme wurde fordernder. Und erst, als sich ein Schatten über mich legte, schrak ich zusammen und blickte auf. Noch jonglierte mein Gehirn mit den Worten des Textes und war nicht zum Switchen bereit. Mein Gesicht musste unglaubliche Verwirrung gespiegelt haben, denn erneut forderte die tiefe Stimme – wenngleich etwas gemäßigter – unmissverständlich ihren Platz. Ein Kanon von Gefühlen und wirren Gedanken bestürmten mich. Um mich herum waren die Gespräche verstummt. Die neugierigen Blicke der Mitreisenden wanderten von einem zum anderen. Was wohl jetzt gleich passieren würde? Einige sahen beschämt aus dem Fenster, wieder andere begannen, schadenfroh zu schmunzeln, einige hielten gespannt stand.

Der will doch nicht etwa neben mir sitzen?!, schoss es mir durch den Kopf. *Der passt doch gar nicht in die Bank und erst recht nicht hinter den Tisch!*

Ein imposanter Kleiderschrank auf zwei Beinen hatte sich vor mir aufgebaut, sah auf mich herab und formulierte, fast entschuldigend, erneut sein Begehren.

„Ich mache mich auch ganz dünn", fügte er gequält lächelnd hinzu, wohl, um mich zu besänftigen. Ich hatte mich wieder gefasst und stellte mich allmählich, wenn auch nur widerwillig, auf die neue Situation ein. „Bitte, wenn das *Ihr* Platz ist, so setzten Sie sich doch", und wies mit einer einladenden Handbewegung auf die begrenzte Fläche neben mir.

Wie er da wohl hineinpassen soll?, fragte ich mich spontan und verfolgte gebannt die Anstrengungen meines neuen Mitreisenden. Die kolossale Figur streckte sich zwar mit einem tiefen Atemzug, doch der ausladende Bauch blieb erhalten. Er quetschte sich mühsam und stöhnend zwischen Sitz und Tisch. Dann ließ er hörbar Luft ab bei weit geöffneten Mund. Der junge Student gegenüber wurde durch den Luftzug regelrecht in seinen Sitz gedrückt. Er hielt stand.

Meine Mitreisenden beobachteten mehr oder weniger diskret die Anstrengungen des massigen Mannes. Das war ein Schauspiel – oder war es ein Drama? Es bot jedenfalls eine willkommene Abwechslung. Ich zog mich automatisch in meine Sitzecke zurück, um nicht erdrückt zu werden.

„Ich mache mich auch ganz dünn", wiederholte mein Nebenmann und rüttelte sich schnaufend noch ein wenig zurecht. Seine braune abgewetzte Aktentasche, die noch unter dem rechten Oberarm klemmte, schob er nun seitlich an seinem Bauch vorbei unter den Tisch zwischen seine Beine. Ein möglicher fragiler Inhalt war spätestens jetzt dahin. Mit großem Kraftaufwand presste er seine Oberschenkel aneinander. Der Herr von Format machte sich wirklich so dünn wie möglich, das musste ich ihm hoch anrechnen, doch leider mit mäßigem Erfolg. Die relativ zierlichen Unterarme mit den gefalteten, wurstigen Händen legte er auf dem Tisch ab oder faltete sie über seinem Bauch.

Das Notebook am Tisch vor dem Studenten musste ein wenig weichen. Immer wieder versuchte mein Sitznachbar, die Oberarme an seinen Oberkörper zu kleben, doch sie weigerten sich permanent und führten ein Eigenleben. Unwillkürlich drängte sich beim Anblick dieser körperlichen Ausmaße der Vergleich mit einem Buddha auf. Ich konnte mir, trotz meiner bedrängten Lage, ein Schmunzeln nicht verkneifen. Das Leben im Wagen normalisierte sich, jeder Mitreisende wandte sich wieder seiner Beschäftigung zu. Die Körperhaltung meines Sitznachbarn „normalisierte" sich mit zunehmender Reisedauer ebenfalls, er verlor allmählich die Kontrolle über seine Extremitäten. Die Knie fielen notgedrungen auseinander, die Ellenbogen wurden immer raumgreifender, wie ein Wackelpudding verbreiterte sich auch seine Basis stetig.

Ich spürte ein menschliches Bedürfnis, musste eigentlich zum Klo. Verstohlen blickte ich zur Seite und beschloss: *Nein. Ich glaube, ich muss doch nicht. Diese ganze Aktion gleich noch zweimal – nein danke!* Weitere mögliche Alternativen zur Veränderung meiner Situation hatte ich bereits im Geiste ausführlich antizipiert und jeweils verworfen. Ich fügte mich in mein Schicksal, das ja nur von temporärer Dauer sein würde, und machte mich meinerseits ganz schmal, um so wenig wie möglich Kontaktfläche zu bieten. Meine Sinne hatten sich so allmählich auf die Situation eingestellt, als meine Nase einen besonderen Duft registrierte. Für eine Dusche war meinem mächtigen Zeitgenossen heute offensichtlich keine Zeit geblieben.

Da hilft nur volle Konzentration auf das Wesentliche, dachte ich entschlossen und zog meinen Text heran. Doch meine Konzentration schien auf unerklärliche Weise absorbiert zu werden. Ich konnte keinen klaren Gedanken fassen, auch das Schreiben war in meiner beengten Lage schlecht möglich. Also nahm ich meinen Roman zur Hand und begann, mich in die ebenfalls missliche Lage der Protagonistin zu versetzen. Meine linke Körperseite heizte sich merklich auf, während sich meine rechte Seite an der Zugaußenwand um thermischen Ausgleich bemühte.

Der ICE verlangsamte seine Fahrt, Würzburg zeigte sich im goldenen Licht der untergehenden Sonne. Plötzlich überkam meinen Sitznachbarn eine heftige Unruhe. *Will er etwa schon aussteigen?*, fragte ich mich. Doch er verlagerte sein Gewicht lediglich nach rechts und ich geriet in arge Bedrängnis. Wo sollte ich auch hin. Er zwang seinen rechten Arm in die Tiefe und zerrte offensichtlich an seiner

Aktentasche. Im großen Bogen, dicht an meinem Gesicht vorbei, knallte er sie auf den Tisch. Er nestelte an den Schnallen, bis sie nachgaben. Alle Mitreisenden starrten gebannt auf seine Tasche und waren gespannt, was der Mann wohl zutage fördern würde.

Ah, dachte ich, *Butterbrote!*

Nachdem er die Alufolie entfernt hatte, kamen sie zum Vorschein. Die Tasche verschwand derweil wieder umständlich zwischen seinen Beinen. *Diese gigantischen Brote konnten auch nur mit zwei Händen gehalten und gegessen werden,* staunte ich. Mit einem kräftigen Biss verschwand ein beachtlicher Teil der Stulle. Er schmatzte genussvoll vor sich hin, sodass alle Anwesenden seinen Genuss auch registrieren mussten. Innerhalb kurzer Zeit waren auf diese Art und Weise die gewichtigen Brote vertilgt.

Man darf nichts verkommen lassen, dachte er bestimmt, denn nun tippte er mit seinen Wurstfingern fein säuberlich auch die letzten Krümel von Papier und Tisch und ließ sie genüsslich im Munde verschwinden. Zum Abschluss rieb er sich zufrieden die Hände und wischte sich über den Mund.

Die Mitreisenden registrierten den Ablauf der Mahlzeit mit unterschiedlichem Interesse. Eine Dame auf der gegenüber liegenden Seite schüttelte verständnislos den Kopf und entnahm ihrer Tupperdose ein mit Käse und Grünzeug belegtes Knäckebrot. Auch sie biss herzhaft hinein. Mein Sitznachbar beseitigte nur noch die Alufolie, knüllte sie sorgfältig zusammen und stopfte die silberne Kugel in den Abfallbehälter am Ende des Tisches. Zufrieden lehnte er sich zurück, zumindest sollte es so aussehen, verschränkte die Arme vor der Brust, soweit es möglich war, und blickte in die Runde, so, als hätte er seine Mitmenschen gerade erst entdeckt. Es kehrte wieder Normalität in dem Abteil ein.

„Rülps", klang es unüberhörbar in die Runde. Prost, die Mahlzeit war beendet, mein Kleiderschrank war hörbar gesättigt. Die Mitmenschen warfen sich kopfschüttelnd vielsagende Blicke zu, lächelten oder zogen ein langes, angewiderte Gesicht und bedachten mich dabei mit mitleidigen Blicken.

Ich blickte aus dem Fenster und erfreute mich an der vorüberfliegenden Natur, den Ortschaften, dachte an die Menschen mit ihren Schicksalen hinter den Fenstern der vorbeiziehenden Häuser und ließ meinen Gedanken freien Lauf. Immer, wenn ich mich nämlich bewegte, wurde mein Nachbar an sein Versprechen erinnert und er presste ruckartig seine Beine und Arme wieder aneinander. Sonst verharrte er mit gefalteten Händen in seiner buddhaähnlichen Position und blickte mit seinen Knopfaugen in seinem Fußballkopf stur geradeaus.

Ich begann gerade, die permanente Höchstleistung dieses Körpers zu bewundern, als mein Kleiderschrank ohne jegliche Vorwarnung panikartig in Bewegung geriet. Ich schrak zusammen und blickte mich hilfesuchend um. Alle Augen waren auf den kolossalen Mitreisenden gerichtet. Was würde nun passieren? Die Spannung wuchs. Er allerdings arbeitete sich irgendwie aus der Bank, bückte sich schnaufend nach seiner Tasche, wobei die Frau gegenüber sein Hinterteil aus ihrem Gesicht nehmen musste, beugte sich dann zu mir herüber und prustete mir entgegen: „Es war nett, mit Ihnen zu reisen!"

Vor Verblüffung blieben mir bei geöffnetem Mund die Worte im Halse stecken. Schließlich schlich ihm doch noch mein: „Ganz meinerseits!" nach.

Nächte mit Kinderstimmen

Ein Osterhase in Nöten

Für jedes bunte Ei wählt die vierjährige Sarah gezielt einen Platz an dem kahlen Strauch aus, um ihn österlich zu schmücken. Nach Beendigung ihrer verantwortungsvollen Arbeit umrundet sie bedächtig den riesigen Busch in einem massigen Terrakottatopf auf der Terrasse. Kritisch betrachtet sie ihre Arbeit, wie eine Malerin ihr Meisterwerk, und verändert hier und da noch die Position des einen oder anderen Eies – sehr zum Ärger ihres älteren Bruders, der ungeduldig meint, dass es nun endlich reichen würde. Zum Schluss wird lauthals nach der Mutter gerufen, die das Ganze begutachten und lobend abnehmen muss. Sarah strahlt, hopst ins Wohnzimmer zurück und klettert auf die breite Fensterbank vor dem Osterstrauch, um auch aus dieser Perspektive ihr Osterwerk zu begutachten und gleichzeitig zu bewundern.

„Du, Mama, wie lange dauert es noch bis Ostern?"

„Fünfzehn Mal schlafen noch und dann kommt der Osterhase", gibt die Mutter geduldig Auskunft.

„Bist du eigentlich sicher, dass der Osterhase die Eier legt?", richtet Sarah unerwartet die eindringliche Frage an ihre Mutter. Die Mutter unterbricht ihr Tun. *Hätte eigentlich mit dieser Frage rechnen müssen*, denkt sie, ärgerlich über sich selbst. Doch sie wollte nicht wahrhaben, dass ihr Kind schon jetzt diese mysteriöse Tätigkeit des Osterhasen infrage stellen würde.

„Was meinst du genau?", hakt die Mutter nach, um Zeit für eine passende Antwort zu gewinnen.

„Ich denke, das machen die Eltern. Die verstecken all die bunten Schokoladenostereier im Garten, auf dem Klettergerüst, im Baum oder im Haus, wenn es regnet."

„Wie kommst du denn darauf?"

„Ich kann mir nicht vorstellen, dass ein Hase so viele Eier legen und dann auch noch überall verstecken kann."

„Das glaube ich übrigens auch nicht", mischt sich Markus ein und beansprucht ebenfalls einen VIP-Platz am Fenster.

„Erst einmal: Der Osterhase und Eier legen – ich glaub, es hackt – pah", echauffierte er sich und zeigt den berühmten Vogel, um die Idiotie dieser Annahme zu untermauern. „Das können doch nur die Hühner. Außerdem kann der Osterhase doch nicht überall gleichzeitig sein, um alle Kinder mit den kleinen Eiern zu versorgen."

„Da habt ihr wohl Recht. Beides klingt sehr unwahrscheinlich", stimmt ihnen die Mutter zu. „Aber vielleicht hat er Hilfe."

„Ja, vielleicht hilft ihm der Weihnachtsmann", wirft Sarah eifrig ein.

Die Mutter muss lachen: „Das glaube ich nun wiederum nicht", entgegnet sie entschieden, „denn der war mit seiner Arbeit in der Weihnachtszeit so ausgelastet, der hat nach all dem Stress einfach nur seinen ausgiebigen Urlaub verdient. Er wird bestimmt an Ostern nicht auch noch arbeiten." Die beiden Kinder stimmen ihrer Mutter nachdenklich zu. Sie muss ein wenig schmunzeln, denn sie stellt sich eine Kooperation zwischen Weihnachtsmann und Osterhase bildlich vor.

„Also helfen doch die Eltern", resümiert Sarah nach einiger Zeit des Nachdenkens und gibt nicht auf. „Überlegt doch einmal", setzt die Mutter erneut an, „die Arbeit verteilt sich doch auf viele Hasen."

„Das stimmt natürlich auch", bestätigt Markus. „Ich habe schon viele Hasen gesehen. Bei Oma hoppelte neulich sogar einer auf der Straße entlang – aber da war noch nicht Ostern. Aber vielleicht hat er sich schon mal umgesehen."

Sarah aber bleibt hartnäckig: „Ich glaube trotzdem nicht, dass die Hasen die Eier legen! – Und sie dann auch noch verstecken!" Sie setzt mit einem kräftigen Handschlag auf ihren Oberschenkel nach: „Außerdem legen die Hühner die Eier, das steht nun einmal fest und wir Kinder färben sie oder malen sie bunt an und hängen sie dann an den Osterstrauß!"

„Ein Hase kann keine Eier legen und erst recht keine Schokoladeneiner. Wie soll das wohl funktionieren!", erregt sich Markus erneut und schiebt ein sarkastisches „Ha, ha!" nach. Für die Mutter wird es eng. Einerseits muss sie in sich hineinlächeln, anderseits sieht sie sich in der Zwickmühle: *Bin ich ein bekennender Osterhase oder verstärke ich noch ein bisschen den Glauben an ihn?*

Doch da dringt schon wieder die Stimme ihrer Tochter in ihre Gedanken: „Kannst du mir bitte auch erklären, wie ein Hase auf den Baum klettern kann oder auf unser Klettergerüst kommt, um dort Eier in das Osternest zu legen?"

„Na ja," erwidert die Mutter, „Osterhasen sind eben recht sportlich, du weißt doch, wie flink sie sein können."

„Außerdem", argumentiert Sarah schlagfertig weiter, „die gleichen Ostereier kann man alle bei Rewe kaufen. Ich habe sie dort gesehen! Ein ganzes Regal voll mit den verschiedensten Ostereiern! Und Osterhasen aus Schokolade waren übrigens auch dabei."

„Also", folgert Markus, „kaufen die Eltern die bunten Schokoeier und verstecken sie dann für die Kinder im Garten oder bei schlechtem Wetter eben in der Wohnung."

„Und uns Kindern erzählen sie, dass der Osterhase sie gelegt, versteckt oder verloren hat", fügt Sarah aufgeregt hinzu, springt von der Fensterbank und erklärt wichtig: „Und jetzt male ich ein Bild für den Osterhasen, damit er mir viele Eier bringt!"

Erlkönigs Reich

Schwungvoll und mit einem unanständigen Fluch auf den Lippen landet mein Ranzen im hohen Bogen unsanft auf dem Gepäckträger meines Fahrrads. Warum soll ausgerechnet ich dieses beknackte Gedicht eines durchgeknallten Poeten von anno Tobak lernen? Nenne man mir einen halbwegs vernünftigen Grund, und ich wäre dazu bereit.

„Du lernst nicht für den Lehrer, sondern für dich und das Leben", vernehme ich da schon die wohlmeinenden Worte meiner klugen Großmutter im Ohr. Die hatte gut reden, und hören kann ich diesen ausgelutschten Spruch schon lange nicht mehr.

Wozu oder für was brauche ich so ein bekloppstes Gedicht zum Leben? Würde es dadurch in die Bahnen meiner Wünsche gesteuert? Das wage ich nun doch zu bezweifeln. Ich kann und will ich mir auch mit viel Wohlwollen nicht vorstellen, auf welche Art und Weise diese gestelzten Wortes eines Dichters mein Leben fundamental beeinflussen könnten. So ganz bei Verstand kann der damals nicht gewesen sein, als er angeblich irgendwann um die Wende zum 19. Jahrhundert seine größte Schaffenskraft entwickelte. Pah! Der hätte seine Weisheiten besser für sich behalten sollen, dann wäre es ihm in seinem eigenen Leben vielleicht besser ergangen, als damit in meine heutiges hineinzupfuschen. Wie hieß der doch gleich noch? Ach ja, Gooeethe. Was der damals in seinem schrulligen Geist ausbrütete, hat nach Jahrhunderten noch immer einen Einfluss auf das Leben eines unbedeutenden kleinen Menschen. „Nicht zu fassen", schnaube ich, noch immer außer Rand und Band, wende abrupt mein Rad und schwinge mich auf den Sattel.

„Ich glaube, ich werde Dichter", zische ich durch meine Zähne mit verbissenem Gesicht und verzerrtem Mund.

Vielleicht denken die Menschen im nächsten Jahrtausend dann auch noch an mich. Ich gerate immer mehr in Rage.

Wer reitet so spät durch Nacht und Wind?

Mit dem Versmaß dieser Zeile trete ich kräftig in die Pedale. Ich spüre geradezu, wie die Wut in meinem Bauch absackt, durch die Beine fließt, hinunter in die Füße, die mit jedem Tritt die Freiheit suchen. Wieder und wieder stoße ich die Worte hervor. Und mit jeder Wiederholung, jedem Tritt wird mir wohler im Bauch.

Es ist der Vater mit seinem Kind.

So ein Quatsch. Welcher Vater reitet denn des Nachts mit seinem Kind nur so zum Spaß durch die Gegend?

„Nein – welch eine Verantwortungslosigkeit!", rege ich mich auf. Ich wiederhole die Zeilen gehetzt und trample weiter. Meine wütenden Gedanken schweifen kurz ab und gehören voller Mitleid dem armen Kind.

Er hat den Knaben wohl in dem Arm,
er faßt ihn sicher, er hält ihn warm.

„Na, das ist ja auch wohl auch das Mindeste, was er für sein Kind tun kann, wenn er schon des Nachts mit ihm abhauen muss", ereifere ich mich erneut. „Wahrscheinlich war es damals genauso ungemütlich, kalt und feucht wie heute und vielleicht auch noch dunkel." Nur für einen kurzen Moment nehme ich meine Umwelt wahr. Doch schon bündelt dieses vermaledeite Gedicht wieder meine ganze Aufmerksamkeit.

Interpretieren sollen wir den Text auch noch, echauffiere ich mich. Pah. Was diesen Dichter wohl inspiriert hatte, kann ich mir beim besten Willen nicht vorstellen. Mir auch egal. Was er dem Leser vermitteln möchte? Na, dem Pinkes werde ich schon was erzählen, von wegen Verantwortung und so. 'n Knall hat der gehabt! Ich meine natürlich den Goethe, Lebende ausgeschlossen.

Mein Sohn, was birgst du so bang dein Gesicht?

Du lieber Himmel, der scheint sich mit Kindern überhaupt nicht auszukennen. Und das nennt sich Vater oder Dichter! Klar, der hat doch pure Angst, der kleine Kerl, nein: Unendliche Panik ergreift ihn offensichtlich! Wahrscheinlich ist er auch noch ziemlich klein. Ob die Mutter überhaupt etwas weiß von diesen Eskapaden des Nachts?

Siehst, Vater, du den Erlkönig nicht?

Den Erlenkönig mit Kron' und Schweif?

Jetzt geht's aber mit ihm durch! Fantasiert das kleine Menschlein vielleicht sogar? Vermutlich ist er krank? Dann verdient der Vater erst recht eine Abreibung besonderer Art. Das Kind gehört ins Bett und nicht auf den Rücken eines Pferdes in einer kalten Novembernacht. Holundersaft mit Zitrone braucht der!

Hätten da nicht schon längst die alten Eichen, an den schwarzen Hecken, auftauchen müssen? Mann, ist das eine Suppe! Kaum die Hand vor Augen zu sehen. Wo bleiben die Eichen denn nur?! Und der Waldrand? Der muss doch rechts irgendwo zu erkennen sein.

Mein Sohn, es ist ein Nebelstreif.

Wieder trample ich mächtig in die Pedale. Nur ein Nebelstreif? Nein, dicke Schwaden wälzen sich wie riesige, gefräßige Ungeheuer behäbig auf der Wiese hin und her. Die dicken alten Buchen links am Wegesrand winken mir scherfällig zu – wie in Trance. Sie bewegen sich mühsam im langsamen Walzertakt und kichern verschwörerisch wie alte Hexen. Im nächsten Moment jedoch scheinen sie sich in edle Jungfrauen zu verwandeln, die auf- und niederschweben und jeden umgarnen, der ihnen zu nahe kommt. Auch die riesigen alten Holzkreuze des Ehrenmales scheinen mir frohlockend zuzuwinken. Ich glaube, ich höre sie flüstern:

„Du liebes Kind, komm, geh mit mir!
Gar schöne Spiele spiel' ich mit dir;
Manch' bunte Blumen sind an dem Strand,
Meine Mutter hat manch gülden Gewand."
Die sollen bleiben, wo sie hingehören. Und ich will nach Hause und nicht spielen. Außerdem sehe ich keine Blumen am Strand. Oder doch? Schweben darüber nicht gerade drei Gestalten in vollendeter Eleganz? Eingehüllt in lange wallende Gewänder? Und trägt eine Vierte nicht eine Kron? Richtig, das muss der Erlkönig sein. Boh, welch eine Pracht! Der schwere Mantel umhüllt seine massige Gestalt.

„Er ist es, der Erlkönig", hauchen meine Lippen. Meine Augen starren in die unendliche Stille und versuchen, das Bild zu durchbrechen. Diese Stille – mich schaudert's. Die Welt scheint versunken in einem flauschigen Teppich, der auch die leisesten Geräusche unbarmherzig schluckt. So stelle ich mir den Weltraum vor. Totenstill, eiskalt, unendlich, faszinierend, jeden Moment und doch nie zu Ende.

Mein Vater, mein Vater, und hörest du nicht,
Was Erlenkönig mir leise verspricht?

„Der soll mir ja nicht zu nahe kommen", fang ich bibbernd an zu jammern. Dann ...? Ja, was dann?! Hier im Land ohne jegliches Leben, am Ende der Welt, schwebend durch die Unendlichkeit ohne Hoffnung auf Rettung ... Gehetzt blicke ich zurück.

Tatsächlich.

Ich bin allein auf der Welt. Auch hinter mir – nichts. Nichts als schwebende, graue, schweigende Gestalten, die mich erreichen und doch nicht berühren.

Sei ruhig, bleibe ruhig, mein Kind;
In dürren Blättern säuselt der Wind.

Wind? Kein Lüftchen streicht mein feuchtes Gesicht. Der spinnt. Und klug reden kann er auch noch, dieser Vater! Der ist doch an allem Schuld. Nein, dieser Goethe. Wenn es den nicht gegeben hätte, befände ich mich jetzt nicht hier am Ende der Welt in einem alles vereinnahmenden Gewimmel von Gestalten und Ungeheuern. Erlkönigs Reich macht mir Angst. Eine surreale Welt hat er sich da ausgemalt, die noch heute, nach so vielen Jahren mich magisch umhüllt.

„Willst, feiner Knabe, du mit mir gehn?
Meine Töchter sollen dich warten schön;
Meine Töchter führen den nächtlichen Reihn
Und wiegen und tanzen und singen dich ein."

Wie viele Töchter hat der denn noch? Genau sind sie nicht ausmachen. Feengleich, in langen, weich fallenden, seidigen Gewändern schweben sie lautlos dahin und tauchen im nächsten Moment an anderer Stelle wieder auf. Goldene Bänder schmücken ihre langen Haare, die im Rhythmus des Tanzes auf- und niederwallen. Ihre Arme scheinen nach der Welt zu greifen, sie zu vereinnahmen. Ich verfolge gebannt das schaurige Schauspiel, ihren leichtfüßigen, höchst eleganten Tanz.

Mein Vater, mein Vater, und siehst du nicht dort
Erlkönigs Töchter am düstern Ort?
Ich seh' sie, ich seh' sie genau!

„... und siehst du nicht dort ..." hauche ich wiederholt. Doch dieser ungehobelte Klotz von Vater scheint gefühllos und nicht von dieser Welt. Sieht der denn nicht diese beängstigende Gesellschaft auf uns zukommen? Der hat bestimmt eine ganz reale Erklärung für seinen vor Angst sterbenden Sohn.

Mein Sohn, mein Sohn, ich seh' es genau:
Es scheinen die alten Weiden so grau.

Wusste ich's doch. Dabei gibt es hier überhaupt keine Weiden. Riesige Buchen, knorrige alte Eichen und noch so manch anderes Gehölz. Die mächtige Gestalt des Erlkönigs kommt schemenhaft auf mich zu. Hey, du verwechselst mich!

Im Stand, mit starren Augen und nach vorn gebeugtem Oberkörper trotze ich ihm. Ich biete ihm mutig die Stirn. Hach, Gott sein Dank. Erleichtert sacke ich auf meinem Sattel zurück. Die halb verfallene Feldscheune! Die ist also noch da und wurde nicht von Erlkönig vereinnahmt. Oder? Sieht ein wenig seltsam aus heute. So, als hätte jemand mit einem Radiergummi einige Teile grob ausgelöscht. Kräftig trete ich wieder zu, doch zugleich ganz behutsam. Ich darf nicht unnötig auf mich aufmerksam machen. Muss mich schleichen. Ich halte den Atem an. Die Welt steht still. Ich will weg! Nur weg. Doch wohin? Ein Eisenring legt sich plötzlich um mein Herz. Was war das? Der markerschütternde Schrei eines Ungeheuers durchbricht diese gespenstische Stille.

Krah! Krah!

Wieder und wieder. Gleich treten gewaltige Dinosaurier aus dem grauen Dickicht heraus.

„Ich liebe dich, mich reizt deine schöne Gestalt;
Und bist du nicht willig, so brauch' ich Gewalt."

Nein! Ich will nicht. Doch das Bild zieht mich an. Ich kann den Blick nicht abwenden. Was für eine imposante, dämonengleiche Gestalt, dieser König in seiner riesigen, alles umhüllenden Gewandung verzaubert mich. Fühle ich da etwa seine riesige Hand auf meiner Schulter. Meine rechte Hand folgt unwillkürlich meiner Empfindung. Klamm ist sie, ja, aber sonst spüre ich nichts. Ich starre auf das abgeerntete Feld. Über die vereinzelten Stoppeln, nein – über die Blumen der Wiese schweben die Töchter des Erlkönigs dahin und geben nicht auf, uns zu bezirzen. Sie werden von bizarren Figuren magisch begleitet. Mein starrer Blick aus weit aufgerissenen Augen folgt ihren sachten Bewegungen.

Mein Vater, mein Vater, jetzt faßt er mich an!
Erlkönig hat mir ein Leids getan.

Unwillkürlich zucke ich zusammen. Nur weg hier, weg vom Ort des Grauens und der Magie.

Mein Vater, mein Vater, jetzt faßt er mich an!
Erlkönig hat mir ein Leids getan.

Ich erhebe mich erneut ganz automatisch. Im Stand, den Oberkörper über den Lenker gebeugt, stemme ich mich im Rhythmus der Zeilen hektisch gegen die Pedalen. Ich müsste doch eigentlich schon in der Kurve sein, bei der kleinen Schonung mit den niedrigen Tannen. Wo in aller Welt ist der Hof? Verschluckt? Von dieser Erde gerutscht? Von Erlkönig in Besitz genommen?

„Hallooho?!"

Ich hätte auch in eine Tüte mit Watte rufen können. Weg waren die Laute, einfach weg.

„Haaallooo!!", versuche ich es noch einmal in eine fremde, gepolsterte Welt. Die hungrigen Wesen verschlingen jedes Geräusch.

Dem Vater grauset's; er reitet geschwind,
Er hält in Armen das ächzende Kind,

Ich höre dich stöhnen, du armes Kind. Doch helfen, helfen kann ich dir nicht. Mein Vater würde nie so kopflos handeln. Ich starre wieder in die undurchsichtige Ferne. Wo seid ihr nur!? Hat er euch etwa auch geholt.

Da. Endlich. Schemenhaft tauchen der gewaltige Speicher, der Stall und die Remise vor mir auf. Erleichtert atme ich durch und setzte zum Endspurt an: Es ist noch alles an seinem Platz, jedoch eingehüllt in die dicken, wallenden Nebelschwaden einer großen Waschküche – gespenstisch.

Erreicht den Hof mit Mühe und Not;
In seinen Armen das Kind war tot.

Atemlos springe ich vom Rad, laufe neben ihm aus, reiße die Tür zum Schuppen auf, und mit einem Schubs landet das Fahrrad krachend auf seinem Platz.

„Was ist denn mir dir los?" Kopfschüttelnd blickt mein Vater mir nach. „Ist alles in Ordnung?"

In Ordnung? Ich weiß nicht.

„Ja. – Nein. – Doch."

Ich umfasse den Ranzen, als hinge mein Leben daran, und haste an ihm vorbei.

„Mann, ist das mal wieder eine Suppe. Man kann ja die Hand vor Augen nicht sehen!", höre ich die Worte meines Vaters wie vom anderen Stern.

„Du sagst es!", stoße ich mühsam erleichtert hervor. „Mit Mühe und Not erreicht ich den Hof, – ich bin ihm entkommen – und wirklich nicht tot."

Hänsel und Gretel auf dem Mond

Es waren einmal zwei brave Kinder, ein Junge von sechs Jahren und ein Mädchen von vier Jahren, die lebten glücklich und zufrieden mit ihren Eltern in einem kleinen Haus am Rande einer Kleinstadt. Die beiden hatten sehr liebevolle Eltern. Diese waren um das Wohl, die Gesundheit und die Bildung ihrer Kinder stets bemüht. Diese Rundum-Versorgung kostete die Eltern jedoch viel Mühe und Zeit, vor allem aber Geld. Oftmals machten sie sich Gedanken über die Zukunft ihrer Kinder.

Es war Sommer und die Familie befand sich im Urlaub am Bodensee. Eines Tages führte sie ein Ausflug in ihrer Familienkutsche in die Nähe von Friedrichshafen. Der Vater hielt wieder einmal Ausschau nach spannenden Zielen für seine Kinder. Nebenbei diskutierten sie heftig über die Kosten der Überfahrt mit der Autofähre über den See, den ersten Kinobesuch am Nachmittag und natürlich über die vielen Sonderwünsche der Kinder.

Plötzlich fiel dem Vater ein weitläufiges Gelände mit einem interessanten, futuristischen Gebäude auf. Große Schilder verwiesen auf die immense Bedeutung dieses imposanten Bauwerkes. Sofort stoppte der Vater, sprang aus dem Fahrzeug, murmelte so etwas wie: „Bin gleich wieder da", und war schon auf dem Weg zum großen Tor. Ein wenig verdutzt stieg die Mutter ebenfalls aus. Sie hatte jedoch das Ansinnen ihres Mannes schnell durchschaut und lächelte still vor sich hin. Die Kinder waren nicht gewohnt, so spontan von ihrem Vater verlassen zu werden, und forderten nun ebenfalls nachdrücklich ihren Ausstieg.

„Wo will der Papa denn hin, Mama?", wandten sie sich nun an die Mutter.

„Der Papa hat etwas Spannendes entdeckt", erwiderte sie verheißungsvoll. Was genau, darüber war sich die Mutter in diesem Moment noch nicht so ganz im Klaren, aber letztlich war es für den Moment auch ohne Bedeutung.

„Papa, wo willst du hin!?", schrie ihm sein Sohn nochmals aus Leibeskräften nach, doch Papa war bereits hinter der Glasfront des Hauses verschwunden.

Der Sohn war jedoch nicht dumm, er konnte schon ein bisschen lesen, sollte er doch im Sommer eingeschult werden. Er beschloss also, sich selbst zu informieren und las stockend: „E – A – D – S."

„Mama, was heißt EADS?", unternahm er den erneuten Versuch, Näheres über das zu erfahren, was den Vater so spontan flüchten ließ.

Die Mutter schwieg, ihre Gedanken überschlugen sich, denn sie suchte bereits nach einer passenden Erklärung für die Flucht des Vaters, ohne die Chance einer Überraschung zu zerstören. Sie wollte aber kindgerecht erklären, dass hinter den Mauern und Fenstern dieses Hauses bedeutende Luft- und Raumfahrtgeschichte geschrieben wurde und noch immer fortgeschrieben wird. Die Aufklärung sollte folglich in ehrfürchtiger Weise geschehen. Vielleicht würde sie ihren Mann so schnell nicht wieder sehen, schoss es ihr durch den Kopf, denn die Raumfahrt, speziell eine Reise zum Mond hatte ihn schon immer fasziniert. Auch ihr Sohn war bereits vom Virus infiziert und ein kleiner Raumfahrtexperte; er kannte sich im All bestens aus.

„Sag schon, Mama, was will der Papa hier in diesem Gebäude?", drängte nun auch die Tochter, die Neues immer begierig aufsog.

Die Mutter hockte sich neben ihre Kinder und begann mit den Erklärungen zu den Aufgaben der zukunftsorientierten Wissenschaft in diesem Gebäude, suchte nach Erklärungen zu den Forschungen und den wissenschaftlichen Aufträgen, die hier geleistet bzw. erarbeitet wurden. Aufmerksam hörten die Kinder zu. Sie hatten ihren Vater deshalb nicht kommen hören.

„So, da bin ich wieder", meldete er sich zurück und wurde sofort von den Kindern bestürmt.

„Papa, was wolltest du da drin?"

„Ich wollte mal eben fragen, ob ihr morgen mitkönnt", bemerkte der Vater mit einem spitzbübischen Lächeln.

„Wohin?", fragte der Junge skeptisch und schaute seinen Vater überaus kritisch von unten an.

„Nun ja, zum Mond." Er machte eine bedeutungsschwere Pause. „Für Morgen ist hier ein Flug zum Mond geplant – in einer echten Mondrakete und ich habe da drinnen nachgefragt, ob ihr noch mitfliegen könnt."

„Ja, wirklich?", fragte der Sohn zurückhaltend. Zum Mond wollte er zwar gern einmal fliegen, aber so plötzlich? Die Sache war ihm nun doch suspekt. „Ganz allein? Ohne euch? So weit weg?", bemerkte er nun sehr nachdenklich, kleinlaut und immer leiser werdend. „Aber das dauert doch sehr lange." Das wusste er noch von seiner DVD.

Seine kleine Schwester stand neben ihm, registrierte alles schweigend und sah aufmerksam von einem zum anderen. Dann ging ein Ruck durch ihren Körper. Sie baute sich vor ihren Vater auf, stemmte die Hände in die Hüften und empörte sich keck: „Papa, gib es zu, sei ehrlich! Ich glaube, ihr wollt uns nur loswerden, weil wir so teuer sind, und weil ihr so viel Arbeit mit uns habt. Dann hättet ihr endlich eure Ruhe."

„Ja, das ist wie bei Hänsel und Gretel!", entrüstete der Junge sich aufgeregt.

Die Eltern schauten sich verdutzt an. Mit dieser Offenheit hatten sie nicht gerechnet. Dass sie so leicht zu durchschauen waren?

Nach einer kurzen Pause nahmen sie ihre Kinder erst fest in die Arme, jubelten, wirbelten sie dann vergnügt lachend durch die Luft: „Fliegen könnt ihr auch hier!! Für nichts auf der Welt schicken wir euch auf den Mond!"

„Und was wolltest du wirklich in dem großen Haus?", bohrte das Mädchen schließlich nach.

„Ich habe gedacht, dass hier vielleicht ein Museum für Luft- und Raumfahrttechnik über die Forschung informiert."

„Da hattest du allerdings eine gute Idee", bemerkte die Tochter, und der Sohn fügte hinzu: „Und fliegen werden wir später einmal!"

Und wenn sie inzwischen nicht auf dem Mond gelandet sind, leben sie noch in ihrem kleinen Haus am Rande der Kleinstadt.

Ein Verhältnis mit der Zahnfee?

Stolz zeigt der siebenjährige Markus jedem seinen Wackelzahn, öffnet weit seinen Mund und biegt den Zahn vorsichtig hin und her, sodass den interessierten Betrachter ein flaues Gefühl um den Magen beschleicht. Markus bekommt viel Aufmerksamkeit, und auch gleich ungefragt die weit zurückliegenden biografischen Erlebnisse der jeweiligen Erwachsenen mitgeliefert. Der Frontzahnbereich zeigt bereits einige Lücken, und die bleibenden Zähne bahnen sich ihren Weg, um endlich ihre Aufgabe übernehmen zu können. Der wackelnde Bursche hängt eigentlich nur noch an einem dünnen Faden, und schon ein kleiner Stups würde ihn hinausbefördern. Doch für den allerletzten Ruck fehlt Markus noch der Mut. Also muss die Natur sich selber helfen oder der Zufall die Sache eines Tages beenden.

Am folgenden Nachmittag tollt Markus mit seiner Freundin Sarah ausgelassen durch den Garten. Der Wackelzahn ist vergessen. Hüpfen, springen, rennen, lachen, Skateboard fahren, Trampolin springen, den Tennisball werfen und fangen ...

Doch plötzlich tönt ein langgezogener, angsterfüllter Schrei durch den Garten: „Auuuaaa!" Der Tennisball hatte getroffen. Sarahs Mutter stürzt aufgescheucht aus dem Haus, blickt von einem zum anderen, erfasst die Katastrophe und kniet vor Markus nieder. Der befördert in seine hohle Hand den ausgefallenen Wackelzahn und blickt mit theatralischem Gejammer in die untergehende Welt. Und dann spuckt er auch noch einen Tropfen Blut, und er weiß: Es ist um ihn geschehen.

„Das ist ja super!", lacht Sarahs Mutter, zieht ein Tempo aus der Tasche und wischt Markus die Lippe ab. In einem weiteren Taschentuch findet der ausgefallene Zahn eine würdevolle Aufbewahrung.

„Den muss ich meiner Mama und meinem Papa zeigen", begreift Markus die positiven Aspekte dieses Ereignisses und richtet sich stolz auf.

„Außerdem muss ich meine Oma anrufen, um es ihr zu erzählen!"

Das Taschentuch mit Zahn wird in der Hosentasche sicher verstaut, und schon geht das Spiel weiter.

Als die Mutter in Begleitung der jüngeren Schwester gegen Abend ihren Sohn von seiner Freundin abholt, kommt ihnen ein zahnloser Markus entgegengehüpft. Er strahlt mit und in seiner Veränderung, lässt sich gebührend bewundern, verabschiedet sich fröhlich von seiner Freundin und klettert in das Auto.

„Du-hu, Mama ...", beginnt Markus zögerlich. Wenn er so anfängt, dann dauert es meistens etwas länger und hat schwerwiegende Themen zur Folge.

Duh-huu?", setzt er erneut an. „Holt die Zahnfee diesen Zahn auch und legt dafür etwas auf die Fensterbank oder unter das Kopfkissen?"

Die Mutter muss nachdenken, denn mit dieser Frage hat sie nicht gerechnet. Für sie war die Angelegenheit nach einigen Zahnverlusten bereits zur Normalität geworden.

„Du, ich glaube nicht, denn die Zahnfee kommt nur bei jedem ersten ausgefallenen Zahn eines Kindes und tauscht ihn gegen ein kleines Geschenk."

„Oh, schade", entfährt es ihm.

„Bist du sicher?", vergewissert er sich nochmals. Nach einer Weile des Nachdenkens setzt Markus erneut an: „Du-hu, Mama, gib es die Zahnfee eigentlich wirklich?"

„Hm", macht die Mutter, um Zeit für eine angemessene Antwort zu gewinnen.

„Oder macht das vielleicht der Weihnachtsmann", fährt Markus in seinen Überlegungen fort.

„Nee, ganz bestimmt nicht", entgegnet die Mutter spontan, denn dies kann sie mit Sicherheit ausschließen. – Oder doch nicht??

Da meldet sich die aufmerksame jüngere Schwester Johanna drängend zu Wort: „Du – weißt du ...", und wenn Johanna so beginnt, dann ahnt man, dass sie aufmerksam nachgedacht hat und bedeutende Erklärungen folgen werden.

„Also, ich bin mir da nicht so sicher – das ist ja so eine Sache mit der Zahnfee und dem Jesus." Sie unterstreicht ihre Aussage noch mit einer entsprechenden Handbewegung. Die Mutter ist verblüfft, hüstelt, schluckt und sucht verzweifelt nach einer Erklärung. Sie bleibt zunächst eine Antwort schuldig, denn zu diesen suspekten Verbindungen fällt ihr so schnell nichts Passendes ein. So wartet sie hoffnungsvoll auf weitere Auseinandersetzungen von Seiten der Kinder. Doch diese bleiben ausnahmsweise aus. Und die fragwürdige Verbindung zwischen Zahnfee und Jesus bleibt unergründet im Raum stehen.

Nächte mit Moral

Der „getürkte" Lottogewinn

Die betagten Herren trafen sich ausnahmsweise einmal an einem Samstagabend zum Skat. Sie wollten nämlich ihren Sommerausflug planen, der sich aus der Skatkasse finanzieren sollte. Es war schon ziemlich lebendig unter ihnen, denn sie hatten bereits „vorgeglüht" und sich warm gespielt. Sie waren also guter Dinge an einem harmonischen Abend.

„Gleich zieht die Tietze die Lottozahlen!", erinnerte Klaus seine Skatbrüder an das zweitwichtigste Ereignis dieses Abends.

„Oh chut, dasse das sachst", setzte Rudi nach, griff in seine Jackentasche, zog mit großer Geste seinen Lottoschein heraus und legte ihn demonstrativ vor sich auf den Tisch. Die anderen taten es ihm gleich.

Helmut ergriff die Fernbedienung, drückte darauf, und schon lächelte Karin Tietze-Ludwig ihnen vom Bildschirm aus entgegen. Im gleichen Moment zog er auch seinen Lottoschein hervor, legte ihn auf den Tisch neben seine Spielkarten und starrte mit den anderen im Kollektiv auf den Bildschirm. Jeder der Herren hatte einen Stift in der Hand und seinen Lottoschein vor sich auf dem Tisch liegen.

Die Kugeln rollten, die Spannung stieg, es war mucksmäuschenstill im Raum, jeder starrte in das Fernsehgerät.

„Meine Damen und Herren, die Drei wurde gezogen", verkündete die Lottofee.

„Hat jemand die Drei?"

„Halt den Mund!" Eisernes Schweigen.

„Die nächste Zahl ist die 45", erklärte die Lottofee. Vielfaches Echo durch die Herren, doch sofort herrschte wieder Ruhe.

„Die 32 ist die nächste Zahl", verkündete die Dame wieder und es erhob sich ein Geraune unisono.

„Die hab ich!", rief Rudi.

„Das ist der erste Schritt zum Gewinn", lachte Karl.

„Ja, ja, wenn ich sechs Richtige hätte …", seufzte Klaus.

Helmut wurde immer stiller. Er starrte auf seinen Lottoschein vor sich, halb verdeckt durch die Spielkarten und schwieg. Seine rechte Hand spielte gelassen mit einem Kugelschreiber.

„Die Zusatzzahl lautet: 7", erklärte Karin Tietze-Ludwig gleichbleibend freundlich.

„Ich habe drei Richtige!", rief Karl.

„Da haste! Wieder nichts mit der Million", grummelte Willi und warf seinen Lottoschein enttäuscht auf den Tisch.

„Dann beim nächsten Mal!", resignierte Rudi.

„Los, spielen wir lieber Skat, da gewinn ich wenigstens!", forderte Klaus die anderen heraus.

Helmut hatte sich bis dahin noch mit keinem Ton geäußert. Er saß da wie ein Denkmal und schwieg beharrlich. Dann nahm er seinen Lottoschein wie in Zeitlupe auf, hielt ihn vor seine Augen, um vermeintlich besser sehen zu können, und flüsterte klar und vernehmlich: „Ich habe gewonnen!" Und einen Augenblick später wiederholte er ein wenig lauter und jede Silbe betonend: „Ich habe gewonnen, Kameraden!" Da wurden nun auch die anderen Mitglieder auf ihn aufmerksam.

„Ich habe sechs Richtige mit Zusatzzahl!", presste er hervor, jede Silbe betonend, und legte seinen Schein auf den Tisch. Jetzt waren die Männer nicht mehr zu halten, der Jubel war beinahe grenzenlos. Sie umarmten und herzten sich, als hätten sie gerade ein wichtiges Fußballspiel gewonnen.

Nachdem die erste Welle der Freude abgeklungen war, kamen sie allmählich zur Ruhe und Klaus äußerte vorsichtig eine erste Überlegung zur Nutzung des Gewinns: „Wenn ich es mir recht überlege: Als Millionär kannst du eigentlich den Urlaub für uns komplett bezahlen!"

„Das ist eine sehr gute Idee!", stimmten die anderen ihm grölend zu.

„Nee, nee", wehrte Helmut ab. „*Ich* habe gewonnen und nicht ihr. Da muss ich erst mal in Ruhe überlegen, was ich mit dem Gewinn mache und wen ich mit wie viel finanziere", erwiderte Helmut sehr klar und bestimmt.

Stille. Schock. Hatten sie richtig gehört?

„Na, das ist doch wieder mal typisch: Der Teufel scheißt immer auf den größten Haufen", machte Willi als erster seinem Unmut Luft.

„Du hast doch schon genug, da fällt doch so ein kleiner Urlaub mit uns überhaupt nicht ins Gewicht", erklärte Rudi und schüttelte verständnislos den Kopf. „Das hätte ich nicht gedacht von dir!", echauffierte Klaus sich und wurde ganz rot im Gesicht. „Dann brauche ich ja auch nicht um einen Darlehen nachzufragen."

„Nachfragen kannst du ja mal", antwortete Helmut völlig ruhig und sachlich. „Aber daraus wird wohl nichts werden, das kann ich dir jetzt schon sagen!"

Rudi saß kerzengerade auf seinem Stuhl und verfolgte gespannt den Schlagabtausch.

Für Helmut wurde es allmählich brenzlig. Die Männer waren in Rage. Rudi konnte sich durchaus eine handfeste Auseinandersetzung mit Helmut vorstellen. Dieser erhob sich langsam mit der Feststellung: „Schöne Freunde habe ich." Er holte tief Luft: „Ihr verfügt über mich und meinen vermeintlichen Gewinn als wäre es euer Geld!" Die Freunde schwiegen zunächst, peinlich berührt, und Helmut fuhr fort.

„Ich habe keine ehrliche Anteilnahme gespürt bei euch. Ihr habt euch nicht für mich gefreut, sondern nur an euch gedacht. Kennt ihr mich so schlecht, als dass ich euch bei einem so hohen Gewinn nicht bedenken würde?"

Erdrückende Pause.

„Ich habe geglaubt, wir wären Freunde fürs Leben."

Trauer und Enttäuschung schwangen in seiner Stimme mit. „Seht euch doch bloß einmal meinen Lottoschein genauer an!", forderte Helmut seine Freunde auf.

Rudi erhob sich, ergriff das kleine Stück Papier und studierte es eingehend.

„Stimmt, mit diesem Schein gewinnst du nicht einmal einen Blumentopf!", stellte er fest und wurde ganz kleinlaut.

Helmut fuhr fort: „Ich habe, genau wie ihr, meinen Lottoschein vor mir auf den Tisch gelegt, doch es war – wie ihr euch jetzt überzeugen konntet – ein Blanco Schein. Jede gezogene Zahl habe ich unter euren Augen angekreuzt, ohne dass es von euch bemerkt wurde.

Ein jeder starrte auf seinen Schein.

„Und so wurde ich kurz zum Lottomillionär!", gestand Helmut seinen Mitstreitern.

Diese begriffen nun allmählich, dass Helmut sie genatzt hatte. Es herrschte betretenes Schweigen. Keiner in der Skatrunde war sich in diesem Augenblick seiner Gefühle sicher. Das Chaos war perfekt. Durfte Helmut so einen Schabernack mit ihnen treiben? Doch das kann ihnen nur die Zukunft beantworten.

Ein Geschenk Gottes

„Warum habe ausgerechnet ich so ein Kind?"
Diese – natürlich rein rhetorische – Frage einer verzweifelten Mutter, verbunden mit einem tiefen Seufzer und einigen Tränen, haben Sie vielleicht auch schon einmal gehört. „Jede Mutter bekommt das Kind, dass sie verdient", so eine Antwort aus dem Volke. Doch wer entscheidet eigentlich, welche Mutter welches Kind bekommt? Wird es durch die Gene bestimmt? Oder trifft eine andere Instanz die Entscheidung? Vielleicht sogar Gott? Und nach welchen Kriterien wählt Gott dann wohl aus?

Ich könnte mir das folgendermaßen vorstellen:
Gott sitzt wieder einmal mit seinem Engel, seiner tüchtigen rechten Hand, auf einer Wolke im Planungszentrum des Himmels und schaut auf „seine" Menschen, seine Werkzeuge der Arterhaltung, herab. Es gilt erneut zu entscheiden, welche Mutter wann welches Kind bekommt und welcher Schutzheilige die Verantwortung dafür mittragen soll. Vor dem Engel liegt das riesige Hauptbuch, in das er alles gewissenhaft niederschreibt, was sein Herr ihm diktiert. Vielleicht ist dort oben aber auch schon das Zeitalter der modernen Arbeitstechniken angebrochen und der Engel bedient einen Computer oder sogar einen Laptop.
Gott beobachtet nun zunächst sehr genau die Verhaltensweisen seiner in Frage kommenden Lebewesen eingehend und diktiert seinem Engel schließlich jede Anweisung kurz und knapp:
„Heinrichs, Anneliese: Sohn. Schutzheiliger: Daniel.
Kloost, Melanie: Tochter. Schutzheilige: Christina.
Siepmeier, Maria: Sohn. Schutzheiliger: ???"

Gott überlegt eine Weile. „Gebt ihr den Sebastian, der ist es gewohnt, dass geflucht wird", und begründet damit kurz seine Entscheidung.

Der Engel wartet auf die nächste Anweisung. Sein Herr schaut nachdenklich hinab auf die Erde. Er zögert – scheint sich seiner Sache noch nicht ganz sicher.

Nach einer langen Pause nennt Gott schließlich einen Namen und ergänzt: „Dieser Frau gebe ich ein behindertes Kind."

Der Engel stutzt und schaut seinen Herrn neugierig von der Seite an. „Warum gerade ihr, oh Herr? Sie ist doch so bescheiden und klug, lebenslustig und auch so zufrieden, ja, richtig glücklich?"

„Gerade deshalb", erwidert Gott weise lächelnd. „Kann ich einem behinderten Kind eine Mutter geben, die das Lachen nicht kennt? Das wäre doch grausam."

„Aber hat sie denn auch die nötige Geduld im Umgang mit so einem Kind?", fragt der Engel zweifelnd.

„Ich will gar nicht, dass sie Geduld hat, sonst ertrinkt sie in einem Meer von Selbstmitleid und Verzweiflung und ist nicht fähig, ihr eigenes Leben weiterhin zu meistern. Wenn der anfängliche Schock überwunden ist, wird sie alles tadellos meistern. Sie wird eine ganz besonders innige Beziehung zu diesem Kind entwickeln, und mit ihrer tiefen, klaren Liebe wird sie es stärken und lebenstüchtig machen. Ich habe sie heute eingehend beobachtet. Sie kann die notwendige Balance zwischen konsequenter Begleitung und notwendiger Selbstständigkeit sowie Unabhängigkeit herstellen und meine Ziele mit liebevoller Konsequenz durchsetzen. Das findet sich leider bei Müttern so selten."

Der Engel hört wie sein Herr seine Entscheidung weiter begründet. „Verstehst du: Das Kind, das ich ihr geben werde, wird in seiner eigenen Welt leben. Und sie muss es zwingen, in der ihren zu leben, damit es lebenstüchtig wird. Das ist sicher keine leichte Aufgabe."

Viele Gedanken schwirren dem Engel durch den Kopf. Er erhebt schließlich einen, wie er meint, nicht unwesentlichen Einwand: „Und außerdem, soviel ich weiß, glaubt sie nicht einmal an Euch."

Gott lächelt nachsichtig und erwidert bedächtig: „Das macht überhaupt nichts. Das bringe ich mit der Zeit schon in Ordnung." Er streicht sich weise lächelnd das Kinn und fügt bekräftigend hinzu: „Doch, doch, sie ist sogar hervorragend geeignet für dieses Kind. Und – sie hat auch einen ausreichenden Egoismus."

Der Engel reagiert jetzt empört und schnappt nach Luft: „Egoismus? Ist das denn eine Tugend?"

Gott nickt und spricht ruhig weiter: „In diesem Fall ist er sogar besonders wichtig! Denn wenn sie sich nicht gelegentlich von dem Kind trennen kann, wird sie das, was mit einem behinderten Kind alles auf sie zukommt, nicht schaffen. Sie muss das Kind sogar manchmal anderen Personen überlassen, um sich zu erholen, um Energien zu sammeln, um Reserven aufzutanken, um Abstand zu bekommen. Sie muss sich bewusst Inseln der Ruhe und der Erholung schaffen. Nur so kann sie dem Kind wieder mit Standhaftigkeit, Konsequenz und Entschlusskraft verantwortungsvoll begegnen. Darin liegt die große Chance für dieses Kind, sein eigenes Leben einmal eigenständig und selbstbestimmt zu meistern. Es kann die Herausforderungen in seiner Entwicklung annehmen und mit ihrer liebevollen Begleitung effektiv bewältigen, um letztlich seine eigenen Entscheidungen treffen zu können. Und zum guten Schluss wird sie die Kraft haben, dieses Kind in sein eigenes Leben zu entlassen. Sich von ihrem Kind zu trennen, es ziehen zu lassen und seinen eigenen Weg zu akzeptieren, fällt den meisten Müttern ja so unendlich schwer."

Der Engel hört weiter aufmerksam zu. „Hohe Anforderungen", denkt er bei sich, schweigt lange, ja, hat sogar Mitleid mit dieser Frau und fragt schließlich laut: „Herr, wie wird sie das alles nur schaffen?"

Gott erwidert selbstsicher: „Sie wird durch dieses Kind und mit ihrem Kind wachsen und reifen. Sie wird Fähigkeiten an sich entdecken, die sie früher nie für möglich gehalten hätte und wird mit ihrer Kraft über sich selbst hinauswachsen. Sie wird sich einsetzen für ihr Kind und viel dabei ertragen; auch Angriffe auf ihre eigene Person und das Kind abwehren müssen. Doch sie wird die notwendige Kraft haben und stark sein, um sich gegen vieles zur Wehr zu setzten. Sie wird kämpfen wie eine Löwin, wo es notwendig erscheint und zum richtigen Zeitpunkt schweigen können. Sie wird stark sein, umsichtig handeln und alles schaffen."

Der Engel schaut seinen Herrn skeptisch von der Seite an. Da fährt Gott in seiner wohlgesetzten Art und Weise, in fast stoischer Ruhe fort: „Dieser Frau werde ich – nun, die Menschen würden sagen: ein nicht vollkommenes, ein behindertes Kind geben. Ja: Ich schenke ihr ein ganz besonderes Kind."

Der Engel richtet sich kerzengerade auf, stemmt die Hände in die Hüften und empört sich: „Wie kann ein behindertes Kind denn ein besonderes Kind sein?"

Unbeeindruckt fährt Gott in seinen Überlegungen fort: „Sie weiß es noch nicht, aber sie ist zu beneiden. Es ist ein einmaliges Geschenk an sie."

„Zu beneiden?", wiederholt der Engel aufgebracht. „Wie kann denn eine Mutter mit einem behinderten Kind zu beneiden sein!? Und als Geschenk wird sie es ganz bestimmt nicht betrachten. Es verlangt ihr sämtliche Kräfte ab, bündelt all ihre Energien, absorbiert ihre Ressourcen, bringt sie an den Rand der Verzweiflung und Ihr Herr – Verzeihung – nennt das ein Geschenk Gottes. Sie wäre zu verstehen, wenn sie es als göttliche Strafe auffassen würde!" Der Engel ist konsterniert.

Gott lächelt weise und schaut seinen Engel nachsichtig an. „Ja, es ist in der Tat etwas ganz Einmaliges, denn nichts, aber auch gar nichts wird selbstverständlich sein. Wenn ihr Kind zum Beispiel das erste Mal Mama sagt, wird sie es als ein Wunder erleben, und Tränen werden in ihren Augen stehen. Jedes weitere Wort wird für sie wie ein neues Geschenk sein und sie kann sich über diese ansonsten so selbstverständlichen Kleinigkeiten unendlich freuen und wird aus tiefstem Herzen dankbar sein. Selbstverständliches wird für sie also nie alltäglich sein. Und wenn sie ihrem blinden Kind einen Baum, eine Blume oder einen Hasen beschreibt, einen Sonnenuntergang oder einen Blitz schildert, mit ihm Dinge ertastet und den eigenen Körper entdeckt, dann wird sie alles so erleben und auf eine besondere Weise sehen, wie sie kein anderer Mensch meiner Schöpfung jemals sehen, erfahren und begreifen wird. Auch die Beziehung zu diesem Kind ist etwas Einmaliges. Sie wird es unendlich lieben und doch mit ihrer Liebe nicht erdrücken. Sie wird ihm die notwendigen Freiheiten lassen, damit es seine eigenen Erfahrungen machen kann, und es dabei beschützen. Die beiden werden das Leben und meine Schöpfung in seiner Einzigartigkeit, aber auch Vielfalt aus tiefsten Herzen erfassen und erfahren. Durch diese Art des Begreifens und des bewussten Lebens werden mir die beiden bei meinen vielen Aufgaben überaus behilflich sein."

„Wie meint Ihr das nun wieder, oh Herr?", fragt der Engel und ist schon auf eine neue Weisheit gefasst.

„Nun, sie werden damit vielen Menschen zeigen, wie sinnerfüllt ein Leben sein kann, wenn man die wichtigen und schönen Dinge mit offenen Augen betrachtet und die richtigen Dinge zu gegebener Zeit auch in die Tat umsetzt."

Das leuchtet dem Engel nun wieder ein. „Doch klingt das nicht geradezu vollkommen?", fragt der Engel nach einer Zeit des Nachdenkens.

„Nun. – Sie wird viele Dinge so sehen, wie ich sie sehe. Aus diesem Grund erlaube ich ihr, sich über Unwissenheit, Grausamkeit, Vorurteile und Hochnäsigkeit zu erheben. Ihr allein gebe ich das Recht. Auf ihrem Lebensweg werde ich ihr immer zur Seite stehen, werde immer ganz dicht bei ihr sein, sie leiten und meine Hand über sie halten. Sie leistet diese bedeutende Arbeit so sicher und segensreich, als würde ich sie selber tun."

Der Engel blickt wieder konzentriert in sein Buch oder fliegt mit seinen Fingern geschickt über die Tastatur seines Computers und schreibt: „Müller, Angelika. Sohn? – Schutzheiliger ???" Der Engel blickt auf und fragt ungeduldig: „Was bekommt sie für einen Schutzheiligen für dieses Kind?"

Gott blickt versonnen in die Ferne, lächelt und antwortet bedächtig: „Ein Spiegel wird genügen."

Dann erhebt er sich langsam und geht gewissenhaft an sein Tagewerk.

Der Alptraum einer Autofahrerin

Rushhour am Westerntor. Hektik. Lange Autoschlangen. Stinkende Auspuffgase. Ein früher Montagmorgen im nebligen November. Dicke graue Wolken. Leichter Nieselregen. Kriechende Kälte. Ein mieser Morgen in einer angehenden Großstadt. Und überall lange Gesichter mit gähnenden Mündern. Gestikulierende, schlecht gelaunte und müde Menschen in ihren Blechkisten. Ein wirklich schwerer Start in eine Woche vor dem Ersten Advent.

Mein alter VW Passat knattert gequält vor sich hin. Meter für Meter kämpft er sich voran. Er ist alt, aber sehr zuverlässig. Ich schätze ihn sehr, doch ich mag ihn trotzdem nicht. Er hat viele Macken, eine Farbe, die keine ist, und eigentlich will ich ihn loswerden. Doch wir sind aufeinander angewiesen. Wir bilden ein aufeinander eingespieltes Team – zeitlich begrenzt, wohlgemerkt. Er hat viele Ähnlichkeiten mit meinem Chef. Er ist alt, aber zuverlässig. Ich schätze ihn sehr, doch ich verstehe ihn nicht. Deshalb tragen beide auch den gleichen Namen: Pastor Ungemach, das passt zu ihnen. Sie sind beide alt, aber unheimlich zäh, verbissen, unnachgiebig, unumstößlich und pochen manchmal starr auf ihre Rechte oder verharren schmollend auf einem Fleck. Und dann knallt es zwischen uns ab und zu gewaltig. Doch nach so einem Gewitter ist plötzlich alles wieder im Lot, dann funktionieren sie wieder, die beiden, so als wäre nichts gewesen.

Noch drei Autos bis zur Ampel, dann haben wir den allmorgendlichen neuralgischen Verkehrsknotenpunkt Paderborns geschafft. Kupplung treten und im Gegenzug vorsichtig das Gas betätigen, mit alten Herrschaften muss man sehr sensibel umgehen. Also: Handeln mit viel Gefühl. Die Herrschaften könnten es sonst übel nehmen. „Gut machst du das!", murmle ich vor mich hin und streichle das Cockpit. Noch zwei Autos, dann sind wir dran.

Doch was ist das? Ein Aufbäumen? Ein letzter Seufzer? Woher kommt das beängstigende Geräusch? Es hört sich jedenfalls nicht gesund an. Ein letzter Hopser, und mein Passat steht und rührt sich nicht mehr. Ganz ruhig, und noch einmal: Zündschlüssel drehen, Kupplung treten, dann langsam kommen lassen und im Gegenzug das Gaspedal leicht betätigen. Alte Sensibelchen brauchen großes Einfühlungsvermögen. Das „Krrr!" geht mir durch Mark und Bein.

„Nein, nur das nicht!"

Ein kurzes Stoßgebet saust zum Himmel. Dichter Berufsverkehr am Westerntor, und ich verursache ein Chaos und bin gleichzeitig mittendrin! Wo ist das Loch, das mich verschluckt? Ein Alptraum! Nein, *mein* Alptraum! Ich höre schon die Kommentare: „Typisch Frau!", „Alte Tussi!", „Frau am Steuer!" Ich schicke ein weiteres inniges Gebet hinterher und versuche erneut einen Start. Zündschlüssel auf die Nullposition, warten, Gaspedal durchtreten und dann den Schlüssel gefühlvoll umdrehen. Doch wieder lässt er sich nur zu einem müden „Krrrr" herab. Das kann und darf nicht wahr sein! So leicht gebe ich aber nicht auf.

Also noch einmal. Vielleicht hilft ein wenig mehr Gas? Ein Schweißausbruch bringt mich kräftig in Wallung, mein Gesicht läuft purpurrot an.

„Krrr."

Er schafft es immerhin, noch ein paar Sekunden lang zu krächzen. Hektisch sehe ich mich um und fühle, wie tausend mitleidige wie verächtliche Blicke mich durchbohren.

Ausgerechnet zur Hauptverkehrszeit muss mir das passieren!

Ich fluche unflätig. Auf diese Blamage kommt es nun auch nicht mehr an!

Wie durch eine dichte Nebelwand nehme ich das schon erwartete Hupkonzert wahr. Wild gestikuliert mein Hintermann in seinem Bonzenauto. Er scheint laut zu schimpfen und prügelt auf sein Lenkrad ein. Wenn das helfen würde, könnte ich es ja auch einmal mit dieser Methode probieren. Seine begleitende Schimpfkanonade kann ich mir vorstellen. Mit seiner Rechten haut er rhythmisch auf die Hupe, seine Linke kurbelt bereits sein Seitenfenster herunter. Multitaskingfähig ist er also auch noch: hupen, schimpfen und kurbeln, welch eine männliche Meisterleistung!

„Sehen Sie zu, dass Sie Ihre alte Rostlaube hier wegkriegen!", schreit er mich an.

Und schon malträtiert er erneut unbarmherzig seine Hupe, andere unterstützen ihn solidarisch. Ein ätzender Krach, der in den Ohren schmerzt. Mir brummt der Kopf, mich schwitzt, ich zittere, ich denke.

„Ganz ruhig!", vernehme ich eine leise aber klare Stimme in mir: „Du kannst ja schließlich nichts für seinen Altersstarrsinn und seine Macken, er will nun einmal nicht mehr. Klar, mein seniles Gefährt muss hier weg, das steht außer Frage! Aber wie? Also los: gedacht – gesagt – getan! Selbst ist die Frau!"

Entschieden schlage ich das Lenkrad nach rechts ein, öffne beherzt meine Fahrertür und steige zu allem entschlossen aus. Mit aller Kraft stemme ich mich gegen den Türrahmen. Doch mein liebes Chefchen bewegt sich keinen Zentimeter von der Stelle. Ich versuche es erneut mit Schaukelbewegungen. Das soll helfen. Vergeblich. Wo bleibt der Beifall?

Stattdessen hat mein Hintermann sich inzwischen auf das Dauerhupen eingestellt. Weitere Zeitgenossen unterstützen ihn tatkräftig. Ich weiß jetzt, was ein ordentliches Hupkonzert ist. Unterschiedliche Tonlagen lassen sich identifizieren.

Ich kriege Wut – unbändige Wut. Ruckartig richte ich mich auf und wende mich in der nächsten Sekunde gegen den Rest der Straße. Entschieden stemme ich die Hände in die Hüften und stürme los wie ein verwundeter Stier. Abrupt bleibe ich an der Fahrertür des Bonzenautos stehen, reiße die Tür auf, lächle ihn fröhlich an und flöte süffisant: „Wenn Sie so nett wären, mein Auto wegzuschieben, hupe ich so lange für Sie!"

Verblüfft sinkt seine Hand kurzzeitig in seinen Schoß, sein Mund bleibt offen stehen und seine Augen starren mich ungläubig an.

„Na los doch, machen Sie endlich! " fauche ich ihn an: „Das Hupen übernehme ich dann schon!"

Automatisch schält er sich aus seinen Schaffellsitz und baut sich neben mir auf. Ich bin erstaunt, wie viel Mann so eine Autohupe aushalten kann. Doch jetzt hat er's kapiert und in der nächsten Sekunde marschiert er los, wirft sich gegen meine Schrottmühle, betätigt mit der rechten Hand das Lenkrad, und langsam rollt sie vorwärts. Lächelnd verschränke ich die Arme vor meiner Brust und sehe mit Verblüffung, dass sich gleich zwei weitere hilfsbereite Zeitgenossen gefunden haben, um meinen Kavalier tatkräftig zu unterstützen. Nach ein paar Sekunden parkt mein altes Vehikel auf dem Bürgersteig direkt vor der Deutschen Bank und es herrscht wieder Normalität vor dem Westerntor an einem Montagmorgen im November.

Reden ist Gold

Sie hörte, wie der Schlüssel ins Schloss geschoben und kurz darauf die Haustür schwungvoll geöffnet wurde. Der feste Schritt näherte sich der Garderobe. Dort würde er gleich seine Aktentasche mit dem Laptop abstellen und im nächsten Moment den Mantel ordentlich auf einen Bügel hängen. Als hätte sie nur auf dieses Signal gewartet, erhob sie sich wie aufgezogen und holte noch eben den Salat aus der Küche. Gleich würde er das geräumige Esszimmer mit dem liebevoll gedeckten Tisch betreten. Mit einem „Guten Abend, mein Schatz", hauchte er ihr einen zärtlichen Kuss auf die Stirn und nahm sofort am Tisch Platz. Sie bewunderte noch immer seine fließenden Bewegungen, die auch nach einem langen Arbeitstag noch keine Ermüdungserscheinungen erahnen ließen. Er ging bereits auf die Sechzig zu, sah mit seinem graumelierten, noch recht vollem Haar nach wie vor attraktiv aus und wirkte recht agil, ja, fast jugendlich.

„Wie war dein Tag?", fragte sie anteilnehmend wie seit Jahr und Tag, und er sprudelte sofort los. Ihr gegenüber war er stets mitteilsam, und so war sie immer über das aktuelle Tagesgeschehen informiert. Sie besaß, obwohl sie seit Langem nicht mehr im Betrieb tätig war, weiterhin umfassende Informationen über den Verlauf der Geschäfte. Viele Höhen und Tiefen hatten sie durch diesen intensiven Austausch mit ihrer fachkompetenten Anteilnahme und ihrer zurückhaltenden Art und Weise gemeistert. „Wenn ich dich nicht hätte", bemerkte er häufig und tätschelte dabei liebevoll ihre Hand. Heute konnte sie ihm nur mühsam folgen, strich sich manchmal fahrig über die Unterarme und blickte das eine wie das andere Mal geistesabwesend in die Ferne. Doch ihr Mann schien dies nicht zu bemerken, war er doch viel zu sehr mit sich und seinen Planungen beschäftigt. Seine ganze Aufmerksamkeit richtete sich bereits auf das Geschehen des folgenden Tages.

„Wir müssen reden", hauchte sie hastig, sah ihn bittend an und unterbrach für eine Sekunde seinen Redefluss mit den zielgerichteten Gedankenpfaden.

„Gleich, Liebling. Gleich."

Schon im Aufstehen begriffen legte er anstandsgerecht die Stoffserviette auf dem Tisch ab und hielt für einen kurzen Moment inne: „Äh – ist es wichtig?"

Ohne eine Antwort abzuwarten und sich bereits abwendend, bemerkte er mit einer umfassenden Handbewegung seiner Rechten: „Ich leere noch eben meinen Briefkasten, schicke die Rundmail wegen der morgigen Konferenz raus und dann können wir reden!"

Damit war er auch schon durch die Tür entschwunden. Sie hörte noch, wie er hastig die Treppe hinaufrannte und dann war es still – ungewöhnlich still.

Sie starrte eine Weile gedankenverloren auf die Tür. Wie in Trance erhob sie sich schließlich seufzend und ging automatisch ihrer allabendlichen hausfraulichen Tätigkeit nach. Es hatte sich über die Jahre hinweg einfach so eingespielt und sich in der Aufgabenteilung als sehr pragmatisch erwiesen. Wehmütig und wie im Zeitraffer flogen die letzten Jahre gedanklich an ihr vorüber, sodass ihr schwindelte. Die Söhne, die wohlbehütet aufwuchsen und dann flügge wurden, der Aufbau der Firma, die Pflege vieler beruflicher wie privater Kontakte, ihre eigene berufliche Neuorientierung, die Renovierung des Hauses, die ...

Ja, dies alles und vieles mehr hatten ihre letzten Ressourcen gebündelt, verdrängten die eigenen Bedürfnisse und ließen weder Raum noch Zeit für die notwendige Pflege der Partnerschaft. Die allerdings funktionierte – automatisch. Alles musste wie am Schnürchen laufen. Jeder hielt sie für ein perfektes Paar. Ja, das waren sie wohl auch. Sie stand noch lange am Küchenfenster und starrte hinaus in das tiefe Schwarz der Nacht, so, als ob sie es durchdringen könnte, um ein Licht zu erhaschen. Die wirren Gedanken kamen und gingen, sie dachte und dachte auch wieder nicht. Sie spürte eine unendliche Leere in sich, aber auch unendliche Sehnsucht ... nach Zuspruch ..., nach Anlehnung, Hilfe, Trost ... nach Liebe? Sie war völlig ruhig, die plötzliche Gelassenheit als Folge der Erkenntnis einer Endlichkeit umhüllte sie wie ein Mantel aus Flausch.

Sie begann sich allmählich aus dem Vakuum zu lösen, drehte sich um und verließ die Küche wie in Trance. Sie zog sich schleppend, Stufe um Stufe die Treppe hinauf. Sie fühlte sich alt, uralt, verbraucht, leer, hohl. Durch den Türspalt des Büros sah sie ihn noch immer an seinem Schreibtisch sitzen. Wie erwartet. Nur einen kurzen Moment lang dachte sie daran, hineinzugehen, wandte sich dann aber schweren Herzens ab und entschloss sich gegen die Gewohnheit für das Schlafzimmer. Irgendwann hörte sie, wie er sich mit rücksichtsvollen, vorsichtigen Bewegungen in seinem Bett niederließ. Er suchte zufrieden seufzend seine Schlafposition. Es war alles so alltäglich und doch so einmalig. Er strich noch einmal flüchtig aber ganz sanft über ihren Unterarm. Bald darauf hörte sie die gleichmäßigen Atemzüge eines erholsamen tiefen Schlafes. Sollte sie neidisch sein? Nein, es war gut so. Ihr Schlafmittel begann allmählich zu wirken und umhüllte sie mit ihren Gedanken und Sehnsüchten mit einem angenehm warmen Schleier. Morgen Abend würde sie mit ihm reden. Bestimmt. Er musste seine Chance bekommen.

Den Tag durchlebte sie wie auf Wolken in einer surrealen Welt, die sie schon längst verlassen hatte. Sie funktionierte wie ferngesteuert. Automatismen hatten in Krisenzeiten auch Vorteile. Und wieder saß sie am gedeckten Abendbrottisch, wie an jedem gewöhnlichen Abend. Doch er war nicht gewöhnlich, dieser Abend. Gleich würde er kommen. Gut gelaunt, sich sicher fühlend an der Seite seiner Frau, die schon vor Jahren zur Selbstverständlichkeit geworden war und ohne die er sich ein Leben nicht mehr vorstellen konnte. Sie begleitete ihn nun schon dreißig Jahre lang, so wie sie es einst versprochen hatte. Alles schien überaus perfekt. Sie stritten nie, obwohl sie heftige Auseinandersetzungen hatten. Sie verstanden sich auch ohne Worte, obwohl sie sehr gegensätzlich waren. Sie handelten eigenverantwortlich und doch in Übereinstimmung miteinander. Alles war eben perfekt. So wie es sich für eine gut funktionierende Ehe gehörte. Doch heute mussten sie miteinander reden. Ernsthaft. Jetzt. Sonst ist es zu spät. Es lief ab wie an jedem Abend. Er redete, sie hörte zu. Doch heute fiel es ihr schwer.

„Wir müssen reden", unternahm sie nun einen erneuten, hastigen Versuch, aber sie drang nicht bis zu ihm durch. Oder wollte sie es vielleicht auch nicht? Doch, es war ihr ein Bedürfnis und es bestand Lebensnotwendigkeit, eine Überlebensnotwendigkeit. Doch wie redet man miteinander, wenn es um die eigene Befindlichkeit, um die eigenen Bedürfnisse, um ihre tiefen Nöte geht? Auf welche Weise bringt man diese dem vertrauten Partner nahe? Versteht er es überhaupt? Nimmt er ihre tiefe Bedrängnis überhaupt wahr? Und wenn, kann er es nachvollziehen? Offenheit macht verwundbar. Und welchen Grad der Verletztheit könnte sie jetzt noch verkraften?

„Ich hatte einen harten Tag, Liebling", meinte er ein wenig unwirsch und zog sich zurück. Hörte sie Abwehr? Erging es ihm vielleicht ähnlich? Klar, darin hatten sie keine Übung, im Verdrängen waren sie jedoch Weltmeister. Jeder hatte seine Rolle und die spielten sie mit Bravour. Er wischte sich fahrig mit der Serviette über den Mund und entschuldigte sich mit unaufschiebbaren Tätigkeiten.

„Morgen. Morgen ganz bestimmt", seufzte er nervös wie aus einer anderen Welt, jedoch nach wie vor konsequent liebenswürdig, charmant und die Form wahrend. Sie konnte ihm nicht böse sein. Und wieder kam sie ihren allabendlichen Aufgaben nach, ordnete die Küche, den Abend, das Leben, die Gedanken ...

Morgen, dachte sie, *morgen ganz bestimmt. Es musste sein. Morgen.*

Und wieder blickte sie lange aus dem Fenster, hinein in die schwarze Nacht, ohne zu sehen, zu denken, ohne es an sich heranzulassen. Tränen rollten über ihre Wangen, die der lautlosen Trauer um die bittere Erkenntnis der Endlichkeit freien Lauf ließen. Langsam wandte sie sich um und umfing alles mit einem Blick unendlicher Liebe, der den Abschied, aber auch die Entschlossenheit enthielt, die kein Zurück, keinen Zweifel, kein Zögern offenließ. Mit eiserner Entschlossenheit begegnete sie der Nacht, die sie jedoch gnädig aufnahm. „Morgen muss es sein." Und wieder trugen die kleinen Blauen sie durch eine traumlose Nacht, hinein in einen Morgen, der sie mit riesigen Tentakeln umfing und sie aussaugte, ihr den letzten Rest an Kraft abverlangte.

Heute ist gestern und morgen gewesen, schoss es ihr durch den Kopf.

Er verließ fröhlich pfeifend, mit frisch gewonnener Dynamik und voller Tatendrang das Haus, hoppste leichtfüßig die Treppenstufen hinunter, schwang sich in sein Auto, hob kurz die Hand zum Abschied und gab Gas. Sie sah ihm lange nach, winkte, lächelte wie immer und verabschiedete sich still mit inniger Liebe in den wehmütigen Augen. Entschlossenen Schrittes kehrte sie ins Haus zurück, eilte in den Keller, um ihren kleinen Koffer zu holen, um ihn dann gezielt mit dem Notwendigsten zu bepacken. Darin hatte sie jahrelange Routine. Außerdem konnte man nie wissen ... Sie begab sich anschließend eilenden Schrittes in die Küche, bereitete das Abendessen vor, deckte den Abendbrottisch liebevoll wie immer und stellte das Essen in die Mikrowelle. Den Zettel „Essen in der Mikrowelle" ließ sie auf dem Tisch zurück.

Der Gong der Haustür ertönte. Sie ließ noch einmal ihren Blick kritisch zurück durch den Raum schweifen, ging zur Tür und begrüßte Barbara mit einem Lächeln auf dem ernsten Gesicht.

„Alles klar?", fragte Barbara beherrscht und sah sie durchdringend an. Im Blick der Freundin lagen tiefe Besorgnis, aber auch Verständnis und Ruhe. Sie kannten sich seit frühesten Kindertagen und konnten sich gegenseitig nichts vormachen. Das war auch gut so, denn jedes weitere Wort wäre überflüssig gewesen. Sie ergriff ihr Köfferchen, verschloss die Tür, nahm sicheren Schrittes die Treppe und ließ sich mit einem starren Blick in die Ferne, in eine ungewisse Zukunft auf den Beifahrersitz fallen.

Sie wurde von ihrer Freundin bis vor die Tür der Klinik begleitet, so war es abgesprochen. Diese respektierte ihren eindeutigen Wunsch, wenn auch mit einem beklemmenden Gefühl und kritischer Akzeptanz. Akzeptanz und Respekt prägten ihre einmalige Freundschaft von jeher. Sie würde es schon schaffen, irgendwie. Es war alles haargenau, bis ins kleinste Detail abgesprochen. Also betrat sie forsch das Foyer aus Glas und ging zielstrebig ihren Weg – vielleicht ohne Wiederkehr?

Sie zögerte kurz.

Hatte sie wirklich an alles gedacht? Sie beruhigte sich sofort wieder, denn sie hinterließ eine geordnete Welt, und dies verlieh ihr die notwendige Kraft. Lange würde es eh nicht mehr dauern und sie konnte sich fallen lassen, mit einem tiefen Vertrauen in ihren Glauben und natürlich in die Fachkompetenz eines Freundes.

Dann war es soweit. Es überrollte sie eine seltsame Ruhe. Es war kalt, grün, grell, laut und doch alles so weit weg. Wie durch Watte erreichten sie die klirrenden Geräusche, die seltsamerweise an ihr abprallten. Er sprach ihr mutmachende Worte zu und lächelte sie dabei aufmunternd an. Sie sah in seine gutmütigen, klugen, grünen Augen von feinen Fältchen umrahmt, vielleicht ein letztes Mal und dann glitt sie hinüber in eine andere, ihr unbekannte, völlig abgeschirmte Welt – ohne eigenen Willen, ohne Einfluss, ohne Macht. Sie hatte sich damit abgefunden und ließ es geschehen. Sie war den schweren Weg allein gegangen. Sie war stark, wie immer. Doch nur einmal wollte sie schwach sein, sich fallen lassen dürfen und liebevoll aufgefangen werden.

Irgendwann hörte sie ein gleichmäßiges Piepen. Wo war sie? Sie wollte sich nicht erinnern, es fiel ihr unendlich schwer. Behutsam bemühte sie sich, ein Lid anzuheben, doch es gehorchte ihr nicht, wollte sich nicht öffnen, es war bleischwer. Es kostete sie Kraft, die sie nicht aufbringen konnte – oder wollte? Also gab sie auf und glitt erneut hinweg, ohne Macht über sich und eine Welt, die sie nicht kannte. Irgendwann versuchte sie es erneut, ob ihr die Augenlider jetzt gehorchen würden? Verschwommen nahm sie Umrisse wahr, die sich entfernten, um im nächsten Moment wieder auf sie einzustürmen. Das machte ihr

Angst. Sie seufzte, die Augen fielen ihr wieder zu. „Geduld. Geduld", beruhigte sie sich. Sie hatte ja Zeit – unendlich viel Zeit – in einer anderen, fernen Welt. Sie nahm es gleichmütig hin und fühlte sich dabei unendlich leicht, befreit ohne Druck. Sie ließ dieses unbekannte Gefühl auf sich wirken und zog sich tief in sich zurück. Sie wollte es genießen. Raum und Zeit spielten keine Rolle mehr, ein Gefühl, das ihr längst verloren gegangen war.

„Sie braucht jetzt sehr viel Ruhe, Pflege, Zeit und ...", hörte sie eine Stimme aus unendlicher Ferne, die ihr irgendwie vertraut erschien. Ach ja, es war der Freund? Was aber machte der hier – im Himmel? Wollte er es nicht versuchen und sein Bestes geben? Hatte er das Unmögliche geschafft? Oder konnte sie aus der Ferne die Wünsche transportieren? Behutsam wagte sie erneut einen Augenaufschlag. Doch sie glaubte nicht, was sie sah. Das konnte nicht sein. Es war wohl klüger, die Augen wieder zu schließen. Hatte sie richtig gesehen? Nein, sicher nicht. Das musste der Himmel sein. Das waren bestimmt die Medikamente, die das Hirn vernebelten, die Narkotika, die Situation in der anderen Welt, wo immer das auch sein würde.

Doch dann öffneten sich ihre Augen wie von selbst. Sie starrte in eine Welt, die sie nicht kannte, auf die sie sich nun hoffnungsvoll und voller Sehnsucht einließ. Es war kein Trugbild und auch kein blonder Engel im weißen Gewand auf einer rosa Wolke. Oder doch? Sie starrte ihn an, diesen Engel. Er sah doch sehr irdisch aus, stellte sie nun wieder sehr sachlich fest. Sie fühlte, wie er ihre Hand nahm, zum Mund führte und einen zarten Kuss auf ihren Handrücken hauchte, so, als hätte er Angst, sie zu verletzen. Sie fühlte sich unendlich erleichtert und war dankbar für diese Wärme. Er blickte sie mit inniger Zärtlichkeit an, so, wie er es früher immer getan hatte, wenn er tiefe Dankbarkeit und Zuneigung ausdrücken wollte, lächelte und flüsterte mit fester Stimme und einem bestimmenden Unterton: „Wir müssen endlich reden ..."

Nächte mit Kunst

Die Musik des Waldes

Moderne Poprhythmen drangen von Ferne an sein Ohr. Die Bässe dominierten die Musik. „Urwaldmusik" hätte sein Vater jetzt geschimpft. Leichte Schritte, wahrscheinlich von Turnschuhen, das konnte er ausmachen, kamen näher.

Der alte Mann konnte kaum noch etwas sehen, seine Augen versagten ihre Dienste, dafür konnte er sich noch immer auf sein Gehör verlassen. Er saß wieder einmal auf seinem Lieblingsplatz, auf einer alten Bank am Rande einer Waldlichtung, in der wärmenden Frühlingssonne. Hier war er glücklich. Hier war die Welt noch in Ordnung. Hier genoss er den Frieden und den Einklang mit der Natur nach einem langen Winter.

Jemand kam dynamischen Schrittes näher, direkt auf ihn zu.

„Darf ich mich zu dir setzen?", fragte eine Stimme.

„Ach, du bist es, Steffen", erwiderte der alte Mann, denn er hatte seinen Urenkel nicht sofort erkannt. Inzwischen hatte sich der junge Mann auf die Bank geflegelt. Die Waldesruh wurde verdrängt von den harten Rhythmen, die aus den Kopfhörern drangen.

„Bitte mach die Musik aus", bat der alte Herr freundlich, aber bestimmt.

„Warum?", brummte der Urenkel kurz angebunden.

„Man kann die Musik des Waldes nicht hören", bekam er zur Antwort.

„Die Musik des Waldes?", fragte der Urenkel verständnislos, aber er schaltete sein Gerät ab. Nun wartete er auf eine Reaktion von seinem fast neunzigjährigen Urgroßvater. Der saß zusammengesunken neben ihm, schien in die Ferne zu blicken, sein leicht faltiges Gesicht wirkte entspannt, aber konzentriert und er schwieg. Der Rollator parkte vor ihm, der Gehstock lehnte rechts neben ihm. Die Ungeduld des Urenkels wuchs, doch er hielt durch.

Nach einer scheinbar unendlichen Zeit des Schweigens fragte der Urgroßvater: „Hörst du die Musik des Waldes?"

Verdutzt sah der Urenkel ihn an.

„Die Musik des Waldes?"

Die Antwort war aufmerksames Schweigen. Der Urenkel sah seinen Urgroßvater kritisch von der Seite an und lehnte sich dann langsam zurück, schloss die Augen und öffnete seine Ohren. Nach einer Weile vernahm er zunächst ein leises Rauschen in den Wipfeln der Bäume, das je nach Windstärke mal kräftiger oder sachter zu hören war.

„Stimmt, es klingt wie die Musik eines genialen Meisters!" Er staunte und lauschte der Natur.

„Ja", bestätigte der Urgroßvater. „Ein Meisterwerk der Schöpfung."

Sie schwiegen und horchten in den Wald hinein.

„Diesen Vogelschrei kennst du", drang die Stimme seines Urgroßvaters zu ihm durch.

Den Kuckuck habe ich lange nicht mehr rufen hören, dachte der junge Mann.

„Natürlich ist dieser kleine Banause nur im Frühjahr zu hören, wenn er seine Eier in fremden Nestern ablegt", erklärte der Urgroßvater. „Und nun kannst du einen Buchfink mit seinen Schmettertönen hören. Die Tannenmeisen mit ihrem tsi, tsi, tsi sind heute auch sehr sangesfreudig. Es wird ein schöner Tag! Sogar der Zilpzalp macht heute seinem Namen alle Ehre: zilp, zilp, zalp, zilp, zalp."

„Und da ist ein Specht am Werk!", erkannte der Urenkel das gleichmäßige Hämmern, das durch den Wald hallte.

„Richtig. Ich höre ihn schon seit einigen Tagen", erklärte der Urgroßvater und lächelte.

„Ich bewundere diesen Vogel", erklärte der Urenkel. „Er hämmert mit seinem Schnabel wie wild auf dem Baumstamm herum und muss eigentlich ständig unter starken Kopfschmerzen leiden."

„Ja, das wäre anzunehmen", bestätigte der Urgroßvater und fügte lachend hinzu: „Und sein Gehirn wird ordentlich durchgeschüttelt!"

„Wenn er überhaupt eines hat", überlegte der junge Mann.

„Oh ja, wer so hart arbeitet, hat auch ein Gehirn!", war sich der Urgroßvater sicher. Sie lauschten dem unablässigen Tack, Tack, Tack.

Ein Krah, Krah, Krah unterbrach ab und zu die Ruhe und Harmonie des Waldes. Eine Krähe machte irgendwo ihren Unmut deutlich.

„Und hoch in der Luft, unter dem blauen Himmel, zieht ein Habicht seine Kreise, nach fetter Beute Ausschau haltend", beschrieb der Urenkel seinem Urgroßvater, was er nicht mehr sehen konnte.

Ein sanftes Knacken begleitete die Gesänge der Vögel, und der Urgroßvater fuhr fort: „Auch die Bäume haben ihre Melodien, wenn die Äste knacken, die Stämme knarren und die Wipfel rauschen."

„Nie habe ich den Wald so wahrgenommen, wie du ihn erlebst", sprach der Urenkel andächtig.

„Jetzt kannst du hören, wie sich alles harmonisch ineinanderfügt, Melodie zu Melodie – zu einer vollendeten Symphonie", philosophierte der Urgroßvater. „Das ist die wunderbare Musik des Waldes!"

Ein Kunstbanause mit Kunstverstand

In tiefer Betrachtung versunken steht er im Ausfallschritt vor dem großen Gemälde in Öl. Die rechte Hand leger in der Hosentasche vergraben, die linke streichelt mit der Einladung gedankenverloren sein Kinn. Nach einer Weile tritt er zunächst ein paar Schritte zurück und konzentriert sich dann erneut auf das Bild. Als ein Ruck durch den Körper geht, tritt er spontan auf das Kunstwerk zu, beugt sich leicht vor und liest auf dem kleinen Schild neben dem Bild: „Wasserfall!" Daneben findet sich der Preis: „650,00 Euro". Beeindruckt wie irritiert entweicht seinen Lippen ein leichtes Pfeifen.

Ein stolzer Preis für zwei Striche mit ein paar Klecksen drum herum, urteilt er für sich. *Und den Wasserfall..., den muss ich erst noch entdecken! Und was rechtfertigt diesen stolzen Preis?*

Sein Blick gleitet suchend über die Leinwand.

Diese zwei leicht bläulichen Striche quer über die Fläche mit einigen rötlichen und gelblichen Farbklecksen über die obere und untere Hälfte verteilt, nennen sich also Wasserfall und kosten ein kleines Vermögen. Außerdem habe ich einen Wasserfall anders in Erinnerung", resümiert er still.

Er tritt wieder ein paar Schritte zurück, vielleicht erschließt sich ihm dann die Botschaft, die die Malerin mit diesem Gemälde transportieren will. Seine Gedanken schweifen ab: „Ob ihr der Ruhm postum nachschleichen wird? Viele berühmte Maler hatten ein aufregenderes Leben erst nach ihrem Tod."

Er wendet sich nach einigen Schritten durch den Raum dem nächsten Gemälde zu, um vielleicht hier eine Antwort für sich zu finden: *Was zeichnet diese Art von Kunst aus?*

„Rose im Glas", liest er hier und sucht auf der Leinwand die Blüte, die einer Rose ähnlich sein könnte.

Er zuckt mit den Schultern und wendet sich einem weiteren Bild zu. Es muss doch möglich sein, seinen Kunstverstand zu wecken. Dies ist das Ziel dieses Besuches, seine intrinsische Motivation. Doch immer wieder endet für ihn so ein Ausflug in die Szene in einer Art Verzweiflung. Und eigentlich sind solche Veranstaltungen auch nichts für ihn. Er fühlt sich auf diesem Parkett so verloren, hilflos, unkultiviert, denn er kann mit solchen abstrakten Gemälden nicht viel anfangen. Deshalb wird er im Freundeskreis häufig als Kunstbanause bezeichnet. Doch ist er wirklich so ein ausgemachter Vollidiot der Künste? Als er die Einladung zu dieser Vernissage erhielt, hatte er sich spontan zu diesem Besuch entschlossen, um sich und seine Einstellung in aller Stille zu überprüfen – heimlich, ohne sich vor anderen schämen oder rechtfertigen zu müssen.

Er zieht sich erneut in sich zurück und reflektiert: Eigentlich fing seine Aversion gegen die moderne Klexografie schon mit der Bezeichnung „Vernissage" an. Dieser Begriff steht für die feierliche Eröffnung einer Ausstellung, auf der die Werke eines lebenden Künstlers – und hier einer heimischen Künstlerin – den kunstsachverständigen Gästen vorgestellt werden.

Er wendet sich mit weiteren kritischen Gedanken einem anderen Bild dieser Art zu. Dann schüttelt er fast unmerklich den Kopf. Für „unkultiviert" hielt er sich durchaus nicht. Nein, ganz im Gegenteil. Nur weil er dieser Art von Kunst nichts abgewinnen konnte, so war er doch noch lange kein Kunstbanause. Für die alten Meister dieser Kunstrichtung interessierte er sich durchaus und mit ihnen bzw. ihren Werken konnte er sich intensiv und mit Freude auseinandersetzen.

Aber worin begründet sich hier die Kunst, der mit Kunstverstand begegnet werden sollte?, fragt er sich und starrt erneut auf den „Wasserfall". Er will hier und heute eine Antwort für sich finden.
Ist Kunst wirklich nur das, was jemand mit zwei Strichen zu Papier bringt, das Ganze mit einigen Klecksen vervollständigt, dann einen wohlklingenden Titel wählt und es in einer Vernissage einem mehr oder weniger interessierten Publikum zugänglich macht, welches dann mit einem vielsagenden „Oh" und „Ah" das Werk letztlich beurteilt?
Still lässt er sich von seinen Gedanken treiben.
Ist Kunst nicht all das, was durch menschliches Können erschaffen wurde, denn der Begriff Kunst leitet sich von können *ab und bedeutet* Fertigkeit, Handwerk.
Wenn er diese Aussage entsprechend interpretierte, umfasst Kunst auch die Dichtung bzw. Literatur, des Weiteren die Musik und die Architektur mit bedeutenden Werken und berühmten Künstlern. So besteht die Malerei als Kunstrichtung neben vielen weiteren, ganz unterschiedlichen Künsten, die von Kunstliebhabern wie mir auch unterschiedlich geliebt und bewertet werden. Ein „Wasserfall" gehört jedenfalls nicht zu meiner großen Liebe."
Mit dieser Erkenntnis blickt er zufrieden in die Runde und streift die ausgestellten Gemälde abschließend. Unwillkürlich muss er lächeln.
Ein Kunstbanause bin ich bestimmt nicht, das habe ich nun für mich geregelt, nur diese Art von Kunst liegt mir nicht. Geschmäcker sind nun einmal ganz verschieden.
Er fühlt sich befreit und konstatiert: *Findet sich denn nicht in jeder Kunstrichtung auch immer ein – nun sagen wir ganz banal – ein* Wasserfall? *Und lebt nicht ein jeder Künstler für seine Art der Kunst und hält sich für ein klei-*

nes oder größeres, meist verkanntes Genie? Und ganz bestimmt träumt auch ein jeder von großem Ruhm und unglaublicher Ehre – wenn möglich – bitte auch noch zu seinen Lebzeiten.

Mit einer umfassenden Geste der Erkenntnis dreht er sich um und strebt dem Ausgang zu. Dabei fällt ihm der griechische Historiker Thukydides ein. Der hat es auf den Punkt gebracht: „Schönheit liegt immer im Auge des Betrachters" – und dies trifft auf jede Art von Kunst zu.

Beschwingt verlässt er die Vernissage.

Die weißen Seiten der Kunst

Eigentlich wollte er sein neues Buch hier schreiben, hier in der Abgeschiedenheit, der Ruhe, der Einöde, einfach so runterschreiben, fertig, erledigt. Zuhause waren die ablenkenden Alternativen einfach zu mannigfaltig. Da musste noch dieses oder jenes gemacht werden – er fand immer eine Sache, die sofort erledigt werden musste, die keinen Aufschub duldete, die Prioritäten verschoben sich manchmal stündlich. Also hatte er sich kurz entschlossen in diese kleine Pension vor der Kulisse einer imposanten Bergwelt geflüchtet.

Die Recherchen waren abgeschlossen. Der Verlag wartete bereits gespannt und geschäftsmäßig. Die Lesereisen waren längst geplant, das Honorar lockte. Doch noch immer war sein Laptop jungfräulich und die Blätter der Kladde leuchteten weiß, leer und unverschämt blank. Sie schienen ihn doch tatsächlich hämisch anzugrienen. Die Buchstaben tanzten vor seinen Augen, jedoch nicht auf dem Papier. Zwei Stunden brütete er nun schon über dem 1. Kapitel, doch es war wie verhext, es fiel ihm nichts Aufregendes ein, was einen Bezug zum Ende seines letzten Werkes herstellen könnte.

Frustriert sprang er auf, sein Stuhl krachte nach hinten, er riss sein Cappy vom Haken, schnappte sich seine Jacke, verstaute Papier und Stift in der Jackentasche und verließ das Haus eiligen Schrittes. Vielleicht half das Laufen, einmal um den See herum. Er schlug – wie schon in den letzten Tagen – den Weg zum Ufer ein. Der leichte Föhn des frühen Vormittags fegte ihm vielleicht den Kopf frei. Gedankenverloren stapfte er über den Schotterweg. Warum sprudelten die Einfälle nicht einfach so heraus – so, wie er es gewohnt war? Er war sich fremd. Die Leere in seinem

Hirn brachte ihn fast um den Verstand. Sollte er vielleicht eine schriftstellerische, eine kreative Pause einlegen?

„Nein, zum jetzigen Zeitpunkt unmöglich, ja, sogar unklug", rief er sich zur Räson und stapfe trotzig vorwärts.

Plötzlich hielt er inne und starrte auf die Veränderungen, die sich ihm heute Morgen vor die Augen schoben. Er blieb wie angewurzelt stehen, um das Bild in sich aufzunehmen, eine Kulisse wie gemalt. Spontan, fast wie unter Hypnose, ließ er sich auf der nahen Bank nieder. Er musste die Idylle eines Heimatfilmes in sich aufnehmen. Beeindruckend. Doch was war hier so außergewöhnlich? Mitten in der Landschaft entdeckte er einen Maler vor seiner Staffelei, der wie ein Besessener mit Pinsel und Farbe das Papier bearbeitete. Am Seeufer saß – wie ein Stillleben – eine Frau auf einem großen Stein. Die Schultern waren halb bedeckt mit einem Schal, der sich im Wind leicht bewegte. Sie kehrte dem Maler den Rücken zu. Dieser agierte noch immer wie wild an seiner Staffelei. Plötzlich hielt er inne, riss das Blatt vom Gestell, zerknüllte es und warf es schwungvoll auf die Erde. Er stand jetzt vor seinem Arbeitsgerät und einem weißen Blatt Papier; jungfräulich, blank, sauber und unschuldig lag es vor ihm. Provokant? Man konnte es so interpretieren.

Er wiederum griff unwillkürlich in seine Jacke und zog seine Kladde hervor, seine weißen Seiten. Provokant? In jedem Fall aber weiß und jungfräulich. Diesem Maler erging es offensichtlich so wie ihm. Ihm fehlte die Inspiration, die ultimative Eingebung, er schien ärgerlich, vielleicht sogar deprimiert. War er mit seinem Werk unzufrieden? War es nicht sein Tag? Hatte er andere Vorstellungen? Er warf einen Blick auf sein weißes Blatt Papier, das noch immer in seinem Schoß ruhte.

„Es kann einem Maler offensichtlich ebenso ergehen wie mir. Es will einem so rein gar nichts einfallen oder man ist mit seinem Geschreibsel unzufrieden. Nur – ein Maler hat keine Schreib-, sondern eine Malblockade", sinnierte er. Er lehnte sich zurück, schlug die Beine übereinander und ließ sich von seinen Gedanken davontragen. Die Idylle der Landschaft nahm ihn ganz in sich auf, den wild agierenden Maler integrierte er in das Bild.

Nach einer Weile ließ der Maler erneut ein Blatt Papier zu Boden fallen. Getragen vom leichten Wind segelte es einfach zu Boden. Begleitet von leisen Flüchen legte er seine Utensilien ab. Der Maler verrückte kurz seine Baskenmütze, fuhr sich mit den Händen über das Gesicht und ließ seine Arme dann resigniert baumeln. So stand er da, der Maler, ohne Regung, ohne zu malen, vor dem weißen Bogen Papier. Er starrte auf den See hinaus, ohne zu sehen. Die Dame auf dem Stein schien mit dem Stein zu verschmelzen. Der seichte Wind umhüllte alles mit einem warmen Hauch von Harmonie, von Einklang, von Frieden, entrückt aus der Realität und doch voller knisternder Brisanz.

Automatisch erhob er sich, er, der Literat mit den weißen Seiten auf seinem Schoß. Die Kladde rutschte in das noch feuchte Gras hinab. Er bückte sich, hob sie auf, ohne den Blick von dem Stillleben abzuwenden. Er fühlte sich magisch angezogen von diesem Bild, und je näher er kam, desto mehr wurde er hineingezogen in die Dynamik der Stille.

Langsam, ganz langsam schritt er auf den Maler zu. Er blieb in gebührendem Abstand stehen und wartete ab. Ganz allmählich schien auch der Maler ihn wahrzunehmen.

„Guten Morgen", brummelte er ein wenig mürrisch, ohne seinen Blick von der Ferne zu lösen.

„Guten Morgen", erwiderte er den Gruß des Malers behutsam.

„Es will wohl heute Morgen nicht so recht vorangehen?", fragte er vorsichtig und trat zögerlich noch einen Schritt näher.

„Nein, es klappt einfach nichts heute. Wissen Sie, es gibt so Tage, da geht jeder Strich einfach nur daneben!" Es herrschte verstehendes Schweigen zwischen den beiden Männern.

„Aber das können sie sicher nicht verstehen", vermutete der Maler und sah ihn herausfordernd an.

„Nun", zögerte er, um noch nach den passenden Worten zu suchen. „Vielleicht besser als sie denken", erwiderte er dann und streckte ihm wie zum besseren Verständnis und fast ein wenig entschuldigend seine weißen Seiten entgegen.

„Ach so, etwa ein Schreiberling?", schmunzelte der Maler mit einem Hauch von Sarkasmus in seiner Stimme.

„Ja, ich bin ein sogenannter Schreiberling." Er machte eine Pause und überlegte, ob er noch mehr von sich preisgeben sollte.

„Bei mir will es auch nicht klappen, es gelingt mir zurzeit einfach nichts. Mir fehlt eine zündende Idee! Mein Kopf ist wie leergeblasen. Es geht mir sonst nicht so und eigentlich wollte ich meinen Fortsetzungsroman hier eben mal nur so runterschreiben. Doch zum Teufel noch mal ..." Er machte eine wegwerfende Bewegung.

Der Maler lachte auf. „Denken Sie, Sie können sich mit mir vergleichen? Die Malerei ist eine Kunst!!!", rief er aus und richtete die Hand und seinen Blick gen Himmel.

Er fühlte sich angegriffen und überlegte, ob er sich beleidigt abwenden sollte. „Ja, und was denken Sie, was die Literatur ist?", fragte er stattdessen, bereit zum Dialog.

Eine peinliche Pause entstand.

„Entschuldigen Sie, ich wollte Sie nicht beleidigen, doch können wir uns wirklich miteinander vergleichen?"

Er blieb gelassen, sah den Maler offen an und zögerte erneut. *Er hatte etwas von Picasso*, schoss es ihm durch den Kopf. Sollte er den Namen dieses Künstlers kennen?

„Miteinander vielleicht nicht, aber in unserer derzeitigen Situation finden wir uns gemeinsam wieder. Wir haben beide weiße Seiten einer Kunst vor uns und – eine Leere im Kopf."

„Da haben Sie ja recht!", lachte der Maler befreit, wurde dann aber ernst und schwieg nachdenklich. Er ließ seinen Gedanken laut freien Lauf: „Die Literatur und die Malerei sind uralte Künste. Während ich durch den Pinsel mit Farben und Formen meine Sicht der Dinge auf diese Welt ausdrücke, bedient sich die Literatur der Malerei in Worten!"

Er blickte den Maler abwartend an und ergänzte: „Durch die niedergeschriebenen Worte entstehen die Bilder im Kopf des Lesers, die sicher ebenso farben- und formenreich sind wie die der Malerei."

Der Maler wandte sich nun dem Schriftsteller offen zu und ergänzte: „Der Betrachter der Exponate erschafft sich ebenfalls seine eigenen Abbilder – in seinem Kopf."

„Doch Maler wie Schriftsteller überlassen die Interpretation und die Bewertung der jeweiligen Kunstwerke dem Leser oder dem Betrachter", resümierte der Schriftsteller.

Beide Künstler wurden von der Situation vereinnahmt, schwiegen und überließen sich mit ihren Gedanken der Situation.

Wohlüberlegt formulierte nun der Maler in der Konsequenz seine Frage: „Und was machen wir jetzt mit unserer tiefgreifenden Erkenntnis über unsere Schreib- bzw. Malblockade?"

„Nun", lachte der Schreiberling gelöst. „Sie haben mir sehr geholfen. Ich für meinen Teil habe durch unsere Begegnung eine Vision und bin mir sicher, welche Seiten in meinem Werk *weiß* bleiben und welche ich mit Worten wunderschön bunt *anmalen* werde!"

Der Maler stutze und sah ihn für einen kurzen Moment fragend an, interpretierte für sich diese Aussage und triumphierte lachend mit einem schelmischen Blick auf sein unschuldiges Papier. „Mit dem visionären Titel: ‚Eine weiße Seite der Kunst?' wird ein überaus farbenfrohes Gemälde die Idylle der Vollkommenheit wiedergeben, jedoch mit – mit einer weißen Seite für die Kunst!!"

Der Maler tippte an seine Mütze und wandte sich voller Tatendrang seiner Staffelei zu. Der Schreiberling hatte es plötzlich sehr eilig, er machte sich entschlossen auf zu seinem Laptop.

Ein armer Poet im Schloss

Die junge Baroness schlief selig und süß in ihrem großen Himmelbett und ich, ihr Kindermädchen, bewachte mit emsiger Sorgfalt ihren Schlaf. Ich war allein mit ihr in dem großen alten Schloss und verantwortlich für das Wohlergehen der kleinen Franziska. Folglich hütete ich sie wie meinen Augapfel.

Alles war gespenstisch ruhig in dem weitläufigen Gebäude. Ich zog meinen pfiffigen Schlafanzug an und legte mich in mein Bett im Nebenzimmer der kleinen Prinzessin. Die Tür blieb offen, damit mir nichts entgehen konnte. Meine Schuhe stellte ich direkt vor mein Bett, und den leichten Morgenrock legte ich in Reichweite zurecht, um für Notfälle sofort einsatzbereit zu sein. Mit ausgefahrenen Antennen schlief ich ein.

Irgendwann in der Nacht schreckte ich hoch. Was war los? Wie lange hatte ich geschlafen? War etwas passiert? Mir blieb keine Zeit, darüber nachzudenken. Ich sprang in meine Schuhe, schlüpfte in den Morgenmantel, huschte eilends in Franziskas Zimmer und stand im nächsten Moment auch schon vor ihrem Bett. Gott sei Dank, sie schlief ganz friedlich. Auf Zehenspitzen schlich ich nun zum Fenster, um zu erkunden, was draußen los war. Sollte das Kind aufschrecken, so wäre ich sofort bei ihm, hatte aber auch den Schlossgarten im Blick. Die drei ausgewachsenen Dalmatiner schlugen an, liefen aufgeregt und laut bellend unter den Fenstern auf und ab und preschten dann wieder los, hinein in die Dunkelheit, um gleich darauf erneut vor mir aufzutauchen. Mein Herz raste vor Aufregung und mein Kopf arbeitete auf Hochtouren.

„Was mache ich nur so ganz allein in dem riesigen Haus, auf dem weitläufigen Anwesen?", fragte ich mich, gleichzeitig meine Chancen abwägend. „Der junge Graf! Sollte der nicht heute zurückkehren? Ob er vielleicht schon irgendwo in einem der vielen Gemächer nächtigt?"

Ich öffnete langsam die Zimmertür und schlich mich zögerlich ins Treppenhaus. Das Mondlicht fiel durch die langen Fenster, die mit schweren Brokat-Gardinen gerahmt waren, und leuchtete spärlich die aufwendigen Treppen aus. Wachsam drückte ich mich gleich neben der Zimmertür und im Schutz des Schattens der Vorhänge an die Wand, um notfalls gleich dahinter verschwinden zu können. Angestrengt lauschte ich in die Nacht des großzügigen Treppenhauses.

Angst?

Nein, Angst hatte ich nicht, ich fühlte eher große Spannung und Aufregung, aber auch Neugierde. Ich horchte atemlos in die knisternde Stille, die immer wieder von aufgebrachtem Hundegebell unterbrochen wurde.

Ich zuckte leicht zusammen, denn unerwartet vernahm ich sanfte, schlurfende Geräusche vom oberen Stockwerk. Unfähig, mich zu rühren, starrte ich auf das obere Podest – in gespannter Erwartung. Ein schwacher Lichtstrahl traf die Ahnengalerie auf der Empore: „Oh Gott, spukt es hier etwa? Das war jetzt vielleicht die Strafe, weil ich mich über den Spuk in Schlössern immer lustig gemacht habe. Oder steigen vielleicht gleich die Vorfahren in irgendeiner Mission aus ihren Rahmen und treiben hier ihr mitternächtliches Unwesen? Oder macht der Canterville Ghost hier Urlaub?" Ich hielt den Atem an und presste die Lippen aufeinander. Und dann erschien das vermeintliche Gespenst auf der obersten Treppenstufe. Vor unendlichem Erstaunen verharrte ich in meiner Erstarrung.

Ich fixierte den Geist und hauchte ungläubig: „Wie kann das sein?"

Eine Männergestalt im langen weißen Nachthemd schritt majestätisch Stufe für Stufe auf dem roten Teppich der Freitreppe herunter. Der Bommel der weißen langen Schlafmütze auf seinem Kopf fiel über seine linke Schulter nach vorn auf die Brust, die nackten Füße steckten in dicken Filzpantoffeln. Er trug eine brennende Laterne vor sich her, die knapp die Szene beleuchtete.

„Das Manuskript hat er wohl in seinem Bett vergessen?", schoss es mir durch den Kopf, bereits wesentlich entspannter. „Der arme Poet stieg aus dem Bild von Spitzweg! Er geistert jetzt hier herum, allerdings ohne Regenschirm und Kerze." Dann erreichte eine honorige Stimme mein Innerstes.

„Was ist hier los?", fragte der Poet auf halber Höhe.

„Ich ... ich weiß es nicht", stammelte ich unsicher, mich langsam fassend und stierte ihn noch immer skeptisch an.

„Sie sind wohl das Kindermädchen, stimmt's?"

„Jaaha!", kam stockend aus meinem halb geöffneten Mund und ich nickte bekräftigend.

„Ich bin Graf Ansgar und heute Abend erst zurückgekommen", stellte er sich vor, während er langsam die Treppe herabschritt.

„Aha, ein junger Graf also und kein armer Poet", konstatierte ich, einerseits erleichtert, aber andererseits inzwischen auch etwas amüsiert. Einen jungen Grafen hatte ich mir anders vorgestellt, na ja, irgendwie majestätischer – auch in einem angemessenen Nachtgewand.

„Bitte sehen Sie doch nach, was da draußen los ist. Ich gehe besser wieder zu Franziska."

„Ja, machen Sie das", antwortete er gelassen.

Der junge Adlige setzte sich Richtung Erdgeschoss in Bewegung und ich in Richtung Kinderschlafzimmer. Eine

Weile stand ich am Fenster und spähte angestrengt hinunter in den Park. Nach einiger Zeit hatten sich die Hunde beruhigt, alles war wieder friedlich, die Welt in dunkler Nacht war wieder in Ordnung. Auch der junge Graf kehrte bald darauf zurück und klopfte sacht an meine Zimmertür. Er erklärte mir flüsternd, dass die Hunde vielleicht irgendetwas aufgestöbert hätten und daraufhin angeschlagen haben, nun aber wieder friedlich in ihren Hütten liegen würden. Ich könnte mich deshalb auch zurückziehen und wieder schlafen gehen. Wenn noch etwas wäre, so sollte ich ihn ruhig rufen, er sei jetzt für uns da.

„Dann ist gut", antwortete ich erleichtert, bedankte mich höflich, unterdrückte aber trotzdem ein Schmunzeln. Nochmals beugte ich mich über die schlafende Franziska, zog fürsorglich die Bettdecke hoch und kroch dann zurück unter meine eigene.

Einschlafen konnte ich allerdings nicht sogleich, sah ich doch immer wieder den Grafen in seinem Nachthemd vor mir. Ich konnte es noch immer nicht fassen. Zu meinem Opa passte ja das lange Nachthemd als Schlafgewand, doch einen jungen Mann hätte ich beim besten Willen nicht in diesem Aufzug vermutet. Zu einem jungen Grafen passte doch eher ein moderner, flotter, vielleicht gestreifter, sommerlicher Schlafanzug.

Seltsam. So kann man sich irren, dachte ich enttäuscht, aber auch amüsiert. Außerdem: Wem wurde schon die Gelegenheit geboten, einen jungen Grafen in seinem Nachtgewand zu bewundern – egal, in welchem?

Schmunzelnd schloss ich die Augen und dachte an meinen vergangenen Deutschunterricht: Wenn ich nämlich den jungen Grafen in seinem Nachtgewand früher getroffen hätte, wäre die Bildbeschreibung von Spitzwegs Gemälde „Der arme Poet" sicher ganz anders ausgefallen.

Ich verglich im Hinwegdämmern den jungen Grafen in seinem nächtlichen Outfit mit dem armen Poeten von Spitzweg. In seinem weißen Nachthemd, das seine Fußknöchel umspielte und mit der langen Zipfelmütze auf dem Kopf lag der Graf jetzt bestimmt wieder in einem großzügigen Bett, umgeben von edlen, großen Kissen, und vielleicht studierte er, ebenfalls in seinem Bette sitzend, doch tat er dies bestimmt nicht unter einem Regenschirm und bei Kerzenschein.

Und mein Opa in seinem Nachthemd? – War außer Konkurrenz!

Die Eleganz der Fassade

Der einsame Schatten einer zierlichen menschlichen Silhouette bewegte sich im Lichtkegel der Straßenlaternen eiligen Schrittes auf das wuchtige Gebäude zu. Die barocke Fassade mit ihrem imposanten Eingang wurde von kalten Neonlichtern angestrahlt. Lange Jahre war sie an jedem heranbrechenden Morgen diesen Weg gegangen, jetzt würde sie ihn bald ein letztes Mal gehen. Mit Wehmut im Herzen, gesenkten Blickes und in Gedanken versunken setzte sie automatisch Fuß vor Fuß, hielt dann inne, während der Film einer geheimnisvollen Biografie vor ihrem inneren Auge ablief. Sie sah ihre kleine Tochter vor sich, damals ihr einziger Sonnenschein, heute ihr ganzer Stolz. Als erwachsene Frau führte sie ein selbstständiges, erfolgreiches Leben. Ganz so, wie sie es sich für ihre Tochter immer gewünscht und in innigen Gebeten erfleht hatte.

Sina kam im Jahr nach ihrem Abitur auf die Welt. Nur wenige Menschen wussten damals von ihrer brisanten Situation, von ihrer Schmach, ihrer Niederlage. Sie wollte die perfekte Fassade aufrechterhalten, ein anstrengendes Unterfangen – wie sie heute ehrlich reflektierte.

Doch damals war es ihr ehrgeiziges Bestreben, ihre Anständigkeit und ihren guten Ruf um jeden Preis zu wahren. Da waren zum einen ihre designerbefrackten, hochnäsigen Mitschüler, die ihr nach einem Traumabitur distanziert begegneten, sie als Streberin bezeichneten und in Kenntnis ihres Fehltrittes bestimmt mit großer Häme über sie hergezogen wären. Und wegen der Nachbarn natürlich. Sie verhüllte damals ihren Körper und zog sich mehr und mehr zurück. Sie wollte das Getuschel und Getratsche vermeiden und ihre Eltern schützen. Diese waren doch so stolz auf sie, und es lag natürlich nicht in ihrer Absicht, ihnen

Schande zu bereiten. Und letztlich musste sie ihr eigenes verletztes Selbst schützen. Sie schämte sich, und sie war auch unheimlich wütend auf sich selbst, musste sie doch mit ihrer Schwangerschaft all ihre hochgesteckten Ziele und ihre Illusionen begraben. Sie hatte studieren wollen, Sprachen, das war schon immer ihr Traum gewesen, vielleicht im Zusammenhang mit Jura, dann hätte sie in irgendeinem Weltunternehmen Karriere machen können. Sie war schon immatrikuliert, an einer renommierten Uni, und richtete in Gedanken bereits ihre Studentenbude ein. Selbst ein anschließender Auslandsaufenthalt stand schon fest, Kontakte waren bereits geknüpft. Ja, sie hatte ihr Leben genau geplant und wollte diesen perfekten Plan zielstrebig in die Tat umsetzten.

Doch das Leben wird vorwärts gelebt und rückwärts verstanden, diese Weisheit besitzt sie heute. Es kam also alles ganz anders. Panisch registrierte sie ihre Schwangerschaft, die sie in einen Strudel von Gefühlen riss. Und Thomas, ihre große Liebe, machte sich noch vor Sinas Geburt schleunigst aus dem Staub. Von wegen: große Liebe. Große Flasche. Aber das erkannte sie auch erst Jahre später. Er fühlte sich überfordert und wollte nicht schon für ein Kind sorgen müssen. All die üblichen Phrasen drosch er damals und verschwand – stiekum heimlich. Angeblich war er irgendwo im Ausland. Doch es war ihr dann letztlich egal. Sie wollte es auch ohne ihn schaffen, nicht aufgeben.

Sina wuchs also ohne Vater, aber mit liebevollen Großeltern auf. Und sie? Ja, sie hatte für ihre kleine Familie frühzeitig sorgen und die Verantwortung für sich und ihr Kind übernehmen müssen. An diesem Punkt war ihr glasklarer Lebensentwurf frühzeitig zerbrochen. Seinerzeit hatte sie sich entschieden – für ihr Kind, aber nicht gegen ihre Träume.

So stand sie für einen Moment im Lichtkegel der Laterne und ließ ihr Leben im Zeitraffer Revue passieren. Dann ging ein entschlossener Ruck durch den zierlichen Körper, ihren Kopf warf sie in den Nacken, und sie setzte entschlossen ihren allmorgendlichen Weg fort. Wie eine Trutzburg zeichnete sich die grob verzierte Fassade des imposanten alten Hotels vor dem anbrechenden Morgen gen Osten ab. Sie hielt nochmals kurz inne, hob ihr Gesicht wie zum Gruße, streifte mit einem flüchtigen, fast liebevollen Blick die Front, drehte sich dann abrupt um und wurde nach ein paar Schritten vom Dunkel des Ostflügels verschluckt.

Sie nahm bald nach Sinas Geburt ihre Arbeit in diesem altehrwürdigen Hotel auf. Mit dieser Tätigkeit ließen sich ihre unterschiedlichen Pflichten optimal vereinbaren und ihre Ziele verwirklichen. So verschwand sie an jedem frühen Morgen der vergangenen vierzig Jahre im ersten Morgengrauen eiligst hinter dieser Fassade. Sie tauchte ein in eine exklusive, aber auch bizarre Welt von unverstandener Menschlichkeit und verstandener Verdrängung, in eine Welt von Gegensätzen, menschlichen Schwächen und Abgründen, alles verborgen hinter einer sorgsam gepflegten, einer eleganten Fassade.

Auch heute schob sie ihren Putzwagen auf dem roten Teppich den langen Flur entlang. Dem grünen Eimer entnahm sie Handschuhe, Putzlappen und ihren MP3-Player, stopfte sich die Stöpsel in ihre Ohren, wählte das Kapitel an und ließ ihn in ihrer Kitteltasche verschwinden. Sie zog ihre Handschuhe an und schnappte sich einen Lappen. Melancholie drohte sie zu überrollen. Sie kämpfte entschlossen gegen die Tränen an und schluckte sie kräftig hinunter. Mit innerer Zerrissenheit reinigte sie zunächst die

Konferenzräume, anschließend kümmerte sie sich nach und nach um die Zimmer der Gäste, überwiegend Geschäftsleute, aber auch der eine oder andere VIP hielt sich hinter dieser Fassade auf und verlor manchmal die seine. Sie beobachtete so einige menschliche Katastrophen, bittere Niederlagen, erlebte eklatante Abstürze, aber auch unvergessene Highlights, manche mit anschließendem Eklat. Doch alle konnten sich stets ihrer Diskretion sicher sein. Sie beherrschte die hohe Kunst, sich unsichtbar zu machen, obwohl die meisten Gäste eh keine Notiz von ihr nahmen, frei nach dem Credo: Eine Putzfrau gehört einer anderen Klasse an und ist unterbelichtet!

Wieder drängte sich „der Film ihres Lebens" vor ihre mit Tränen gefüllten Augen. Die günstigen Arbeitszeiten ermöglichten es ihr, sich als alleinerziehende Mutter tagsüber um ihre kleine Tochter zu kümmern und des Nachts Geld für sie zu verdienen. Als einfache Putzfrau mit einem Traumabitur konnte sie intelligent die Betten machen und wissenschaftlich die Toiletten reinigen. Sie wäre eine Lachnummer gewesen für die dummen Gänse ihrer ehemaligen Clique. Aber hier, als Anonyma konnte sie ihre Träume problemlos verwirklichen.

Ihre Träume? Als Putzfrau? Bei dieser schillernden Paradoxie musste sie unweigerlich schmunzeln. Lappen schwingend hatte sie stringent an ihren Lebenszielen gearbeitet, die sie nie aufgegeben hatte. So schaffte sie über Umwege, mit Ausdauer und Disziplin alles, was sie sich vorgenommen hatte. Sie koordinierte geschickt ihre Arbeitsbereiche, ihr Leben hinter den verschiedenen Fassaden, gewährte jedoch niemandem einen Blick dahinter.

Nur Kai erlaubte sie ab und zu einen kurzen Einblick. Er hatte sie nämlich gleich zu Beginn ihrer Laufbahn als Reinigungskraft mit Karteikarten spanischer Konjugationen erwischt. Später waren die modernen Medien ihre intensiven wie diskreten Fremdsprachentrainer. Und Kai, als Rezeptionist, beobachtete aufmerksam und schwieg. Sie begegnete ihm in all den Jahren mit stiller Dankbarkeit – und konspirativ. So lernte und arbeitete sie hinter einer kunstvoll errichteten Fassade, die sie sorgfältig pflegte, für die sie glücklich und zugleich dankbar war.

Glücklich? Dankbar? Sie musste bei diesen Assoziationen erneut schmunzeln, und der Tränenschleier lichtete sich ein wenig. Heute arbeitete sie geistesabwesend, fahrig, oberflächlich, würde sich doch ihr Leben bald dramatisch verändern. Sie stütze sich auf ihren Wagen, ließ ihren abwesenden verschwommenen Blick durch das Fenster in den heranbrechenden Morgen gleiten und ihre Gedanken in die Vergangenheit zurückeilen. Sie hatte auf Umwegen alles geschafft, was sie sich für ihr Leben erhofft hatte, es war zwar nicht die große Karriere in einem weltweit operierenden Konzern geworden, auch war sie nicht als Dolmetscherin bei politischen Gipfeltreffen gefragt, aber ...

Sie zuckte unwillkürlich zusammen. Sie hatte Kai nicht kommen hören. Er stellte sich demonstrativ neben sie und fragte ohne Umschweife: „Wer zum Teufel bist du wirklich? Ich habe dich nie gefragt. All die Jahre hast du dich immer zurückgezogen, hinter dieser monumentalen Fassade gearbeitet, als ganz normale und doch nicht gewöhnliche Putzfrau. Du bist gebildet, überaus belesen, eloquent, hörst Mozart, gehst in die Oper und hast Manieren, bist gepflegt sowie geschmackvoll gekleidet und folgst den ausländischen Beiträgen auf den Konferenzen, als könntest du sie problemlos verstehen."

„Ja, ja, ist ja schon gut. Sei still und hör zu", unterbrach sie ihn unwirsch aber respektvoll. An diesem Morgen ließ sie ihn hinter ihre sorgfältig aufgebaute Fassade blicken und nahm ihn mit in die „geheimen Räumlichkeiten" dahinter.

Kai hörte ihr aufmerksam zu, schwieg bewundernd und konstatierte schließlich: „Nein, eine gewöhnliche Putzfrau bist du wirklich nicht." Schweigend begegneten sich ihre Blicke. „Die Toiletten müssen sich geehrt gefühlt haben, mit so viel Bildung gereinigt zu werden", durchbrach er bewundernd, mit Ironie im Unterton, die Stille.

Sie setzte ihre Lebensbeichte fort. Bald nach Sinas Geburt optimierte sie ihre Französisch- und Englischkenntnisse, übersetzte zunächst juristische Fachartikel für eine renommierte Anwaltskanzlei und gewann mehr und mehr Spaß an ihrem Doppelleben, an einem Leben hinter unterschiedlichen Fassaden, die sie sorgfältig ausschmückte. Außerdem faszinierten sie nach wie vor Sprachen und die Kultur des entsprechenden Landes. Sie erweiterte ihre Sprachkompetenzen mit Italienisch und Spanisch, wurde zu einer gefragten Übersetzerin, die sich ihre Aufträge aussuchen konnte, und so konnte sie für ihre kleine Familie ausreichend sorgen.

„Doch meiner ‚Arbeit' hier blieb ich all die Jahre hinweg treu, denn sie hat uns zu Beginn gerettet. Außerdem macht es mir Freude, hinter der Fassade dieses Hotels zu wirken."

„Nun, dass dich diese Tätigkeit erfüllte, konnte ich beobachten", bemerkte Kai.

„Es kommt doch im Leben nicht darauf an, was jemand für ein Handwerk ausübt, sondern dass er es mit ganzem Herzen, mit Liebe und Hingabe tut, wenn er dabei nur glücklich ist, denn Zufriedenheit ist der Schlüssel für ein glückliches Leben", schloss sie lächelnd ihre Ausführungen.

Kai blickte sie nachdenklich und mit unverhohlener Bewunderung an.

„Wird dir diese Fassade fehlen?", unterbrach er ihren philosophischen Gedankengang mit einer umfassenden Handbewegung.

„Ja, sie wird mir fehlen, diese Fassade ...", seufzte sie wehmütig lächelnd. „Ich war trotz aller Hürden zufrieden mit meinem Leben, ich habe nicht nur Sprachen studiert, sondern auch das Leben hinter der Fassade analysiert. Fassaden sind der repräsentative äußere Teil eines Gebäudes – aber auch die Fassade eines Menschen, und diese Seite, diese Außenhaut stellen die Menschen zur Schau und legen dabei besonderen Wert auf die Ästhetik. Menschen verbergen sich aus ganz unterschiedlichen Gründen hinter einer Fassade."

„Du sprichst in Rätseln", schüttelte Kai den Kopf.

„Nun, wir gucken den Menschen doch nur vor den Kopf, wir sehen nur ihre Fassade, selten erkennen wir, was sich dahinter verbirgt. Menschen wollen das glauben, was sie sehen, selten machen sie sich die Mühe, hinter die Fassade eines Mitmenschen zu blicken! Ein jeder gestaltet sich seine Fassade recht kunstvoll und versteckt sich dahinter, so wie ich es all die Jahre tat – anfangs aus reiner Bedrängnis, später tat ich es mit Freude. Auch die meisten unserer Gäste praktizieren das Versteckspiel hinter der doppelten Fassade erfolgreich. Von uns guten Geistern hinter der Hotelfassade erwarten die Gäste Verständnis, bzw. gehen ganz selbstverständlich davon aus, und nennen es vornehm Diskretion. Jeder ist sorgsam darauf bedacht, seine eigene, individuelle Schauseite auch hinter der Ansichtsseite des Hotels aufrecht zu erhalten. Bröckelt eine Fassade dann doch einmal oder wird daran gekratzt, führt dies meistens geradewegs in eine menschliche Katastrophe."

Verständnislos sah Kai sie an.

„Du meinst, unsere Gäste verschwinden hinter der Fassade dieses Hotels – aus den unterschiedlichsten Gründen

– und leben die Anonymität im Vertrauen auf Diskretion."

Sie lächelte, wedelte mit dem Putzlappen und fuhr fort: „Dafür ein Beispiel: Die kleine dicke Frau, die regelmäßig mit der langen ‚Bohnenstange' kichernd an mir vorbeizieht und die in 409 miteinander verschwinden." Mit dem Wedel fährt sie Kai über den dunklen Anzug. „Da ist die Sekretärin, die mit ihrem Hintern wackelnd vor dem aufgeregten ‚Funkturm' herumtrippelt, der ihr beim Aufschließen der Zimmertür so ganz nebenbei in den Po zwickt, und gleich darauf schiebt sich seine Hand auf ihren Busen. Sie quiekt kurz und schrill auf, ziert sich und verschwindet so graziös wie ein Elefant im Zimmer."

Belustigt tänzelnd imitiert sie die verliebte Sekretärin. „Damit ich ihrer Konversation nicht folgen kann, führen sie ihr verliebtes Geplänkel immer auf Spanisch: Que sera, sera!"

Kai amüsierte sich köstlich beim Blick hinter ihre Fassade und sie fuhr fort: „Spannend ist es auch immer wieder in Zimmer 205. Als regelmäßiger Gast wohnt dort eine überaus attraktive Lady aus dem Vorstand eines sehr bekannten Konzerns. Sie stolziert auf ihren edlen Pumps den Flur entlang, mustert mich hochnäsig, spitzt ihren knallroten Mund, wirft ihren Kopf in den Nacken und konferiert wichtig mit einem vermeintlich französischen Geschäftspartner am Handy. In Wirklichkeit säuselt sie ihrem Geliebten Liebeschwüre ins Ohr. Wenig später eilt selbstsicher ein Herr im edlen Zwirn von Versace und mit kleinem Handgepäck aufgeregt herbei, blickt sich konspirativ um, klopft drei Mal, die Tür öffnet sich und er verschwindet filmverdächtig – hinter der gleichen Zimmertür. Ich schweige wie ein Grab ...", sie machte eine bedeutungsschwere Pause, „... denn beim Leeren des Mülleimers sehe ich dann die ganz unterschiedlichen Reste des vergnüglichen Geschäftstreffens."

„Und auch er war sicherlich kein Franzose!", feixte Kai.

„O non, mon petit!"

Sie schob ihren Putzwagen vor sich her, beugte sich zu Kai hinüber und fuhr schelmisch lächelnd fort, den Staubwedel schwingend: „Der Herr auf 225 scheint in seiner Midlife-Crisis zu stecken, denn seine Begleitung könnte seine Tochter sein. Sie führen ganz unverblümt ihre erotische Unterhaltung auf Englisch, getreu dem Credo, eine Putzfrau ist eben nur eine Putzfrau und einfach gestrickt!"

Sie öffnete wie selbstverständlich die nächste Zimmertür und führte weiter aus: „Na ja, und der Promi hier von 237 scheint sich jedes Mal richtig die Kante zu geben, wenn er sich hinter unsere Fassade begibt, die knallharten Fakten am nächsten Morgen belegen dies eindeutig, denn er verwechselt nicht nur die Dusche mit der Toilette. Dann bittet er als Inkognito ganz verschämt die Putzfrau um eine Schachtel Aspirin. Er pflegt seine Fassade sehr sorgfältig und mit meiner Diskretion bleibt sie sauber, ja, sogar richtig elegant.

Ach ja, dann ist da noch die bekannte Diva von 223, die mich behandelt wie den letzten Dreck. Sie flucht wie ein Bauarbeiter in drei Sprachen und wähnt sich hinter ihrer ebenfalls sehr eleganten Fassade sicher. In den Medien erscheint sie immer überaus edel und generös und titelt in entsprechenden Zeitschriften, um ihre Fassade weiterhin aufzupeppen."

Sie fasste Kai am Ärmel und zog ihn mit sich.

„Es war allerdings nicht immer nur amüsant für mich hinter dieser Hotelfassade. Vor einiger Zeit benahm sich ein wohlbekannter vermeintlicher Gentleman sehr dreist und wollte als liebestoller Don Juan mit italienischen

Schweinereien eine Putzfrau für sich gewinnen und vielleicht als Trophäe erlegen. Durch meine wirkungsvolle Retourkutsche beeindruckte ich ihn dermaßen, dass er sich bald darauf vor unserer Fassade wiederfand."

Sie holte tief Luft, um diese Erfahrung wegzuwischen, und sprach weiter: „Doch großartig fühle ich mich hinter meiner Fassade, wenn sich die menschlichen Abgründe durch Fremdsprachen auftun. Keiner vermutet eine sprachtalentierte Putzfrau, die den Klos und Waschbecken in fünf Sprachen gut zureden kann. Ich sammelte also während meiner langjährigen Tätigkeit umfassende Studien über das Leben hinter einer imposanten Fassade." Sie lächelte wieder verschmitzt. „Du erkennst, dass sich jeder Mensch hinter einer Fassade verbirgt – aus den unterschiedlichsten Gründen. Oft erstrahlt eine Fassade in gleißendem Licht, von dem sich die Menschen blenden lassen, oder geblendet werden, denn das Licht strahlt nur die Ansichtseite an, nicht aber das, was sich hinter einer Fassade verbirgt. Oftmals ist nichts so, wie es scheint, wir wollen es nur nicht sehen, nicht wahrhaben."

„Stimmt", bestätigte Kai nachdenklich.

„So habe ich meine jahrelangen Erfahrungen, meine ganz unterschiedlichen Erlebnisse als Putzfrau hinter einer eleganten Fassade dokumentiert." Sie lächelte Kai wieder schelmisch an und erklärte beschwingt: „Und mit dem Titel: Die Eleganz der Fassade! erscheint in naher Zukunft ein Buch mit dir als Protagonisten. Du kannst also ganz ungeniert hinter meine Fassade und hinter die unserer Gäste blicken und bei jeder Episode raten, ob sie dir vielleicht bekannt vorkommt."

Kai sah sie sprachlos an.

„Du bekommst selbstverständlich das erste handsignierte Exemplar vor oder hinter der Fassade?!"

Sie lächelte tiefgründig, sah ihn keck an, drehte sich um und hinterließ einen verdutzten Kai.

Kultur pur

Sie fiel mir sofort auf, die ältere Dame, die um die Mittagszeit das voll besetzte Restaurant betrat, kurz stehen blieb, um sich zu orientieren, und dann gezielt auf einen der Tische zuging. In ihrem eleganten, grauen Kostüm, mit einem passenden zierlichen Hut auf ihrem erhobenen Haupte und einer gelben Bluse im harmonischen Kontrast, bildete sie einen Anachronismus im Gewimmel der geschäftigen Welt Münchens. Die kleine weiße Handtasche hing locker an ihrem linken angewinkelten Arm, während der rechte ausschweifend ihre Suche nach einem Platz an einem der Tische unterstützte.

„Königin Elisabeth", entfuhr es mir kaum hörbar. „Genau wie die Queen", setzte ich still amused nach und lehnte mich lächelnd zurück. Meine Tochter sah mich kritisch von der Seite an, wohl an meinem Verstand zweifelnd.

„So, wie du aussiehst, könnte sie durchaus gerade angekommen sein!", bemerkte sie mit dem koketten Ton eines selbstbewussten Teenagers. Ich schmunzelte und lenkte mit meinem Blick ihre Aufmerksamkeit in Richtung Queen. Der Gesichtsausdruck meiner Tochter veränderte sich im Zeitraffer – ihr Lächeln wurde immer breiter.

„Du hast ja so recht, Mama", hauchte sie jetzt ebenso amüsiert wie bewundernd. „Elegant gekleidet, majestätisch in der Haltung, immer freundlich lächelnd, mit Kontenance durch alle Auftritte und einer Handtasche über dem Arm." Meine Tochter hatte es kurz und prägnant zusammengefasst.

Die Queen stand inzwischen vor einem weiteren Tisch. Sie sah sich aufmerksam die speisenden Gäste an, grüßte lächelnd, drehte sich um und stand würdevoll mitten in der Lokalität. Wieder ließ sie ihren Blick über die Köpfe hinweg gleiten, als sich plötzlich ihr Gesicht aufhellte und sie zielstrebig auf unseren Tisch zusteuerte.

Auch mein 12-jähriger Filius war inzwischen auf die Vorgänge aufmerksam geworden, stellte prompt das Blättern im Reiseführer ein, streifte mich mit einem kurzen Blick und hatte dann die Situation ebenfalls erfasst.

„Die hat ja uns im Visier", flüsterte er und starrte gespannt auf das, was da gleich auf uns zukommen könnte.

In diesem Moment kreuzte die Bedienung eilig den Weg der alten Dame, um uns das Essen zu servieren. Meine Nudeln sahen köstlich aus, die Tagliatelle meiner Tochter nicht minder und das Schnitzel stellte Markus im Höchstmaß zufrieden. Während der kurzfristigen Ablenkung hatte die Queen bereits unseren Tisch erreicht. Mit einem „Entschuldigung" in einem freundlichen, aber bestimmten Ton, lenkte sie unsere Aufmerksamkeit wieder auf sich.

„Ist dieser Platz noch frei? Ich würde mich gern zu Ihnen setzen." Die alte Dame verbeugte sich vornehm, hielt den Kopf dabei ein wenig schräg und schien ein „Nein" nicht zu erwarten.

„Oh ja, bitte, nehmen Sie doch Platz!", antwortete ich mit einer einladenden Handbewegung. Indem sie sich den Stuhl zurechtrückte und salonfähig Platz nahm, wandte sie sich mit distinguierter Sprache mir zu: „Ich störe Sie doch hoffentlich nicht?"

„Sie stören ganz bestimmt nicht!", antwortete ich höflich, denn sie saß ja bereits. „Leisten Sie uns ruhig Gesellschaft."

Mit einem „Danke, sehr freundlich von Ihnen!", lächelte die Dame in die Runde und ergriff sofort die Speisekarte. Sie studierte diese kurz, drehte sich dann spontan um und rief der vorbeieilenden Bedienung nach: „Ich hätte gern zunächst einen Aperitif und ein Mineralwasser!" Sie unterstrich ihr Anliegen mit einer einfordernden Handbewegung. Dann wandte sie sich meinen Kindern zu, die mir als Produkt meiner positiven Erziehung alle Ehre machten.

„Sie verbringen Ihren Urlaub in München?", fragte sie höflich, um ein Gespräch in Gang zu bringen.

„Wir drei sind hier auf ein verlängertes Wochenende und machen ein bisschen auf Kultur ...", betonte meine Tochter mit den Augen rollend, aber ausnehmend freundlich und zugewandt.

„... na, wie Museen besuchen – das Deutsche Museum hat mich besonders beeindruckt ...", fiel ihr Markus ins Wort. Meine beiden stellten unter Beweis, dass sie sich intensiv auf den Kulturtrip vorbereitet hatten und mit ihren Kenntnissen und ihren Erlebnissen die Konversation durchaus bereichern konnten.

Die alte Dame war ihnen sympathisch. Es kam sofort ein reges Gespräch über die interessanten Sehenswürdigkeiten Münchens in Gang, wobei sie auch nicht vergaßen, den Charme der Stadt herauszustellen. Die Queen hörte aufmerksam zu, fühlte sich offenbar geschmeichelt und leistete ihren profunden Beitrag. Meine Kinder waren sichtlich beeindruckt, wie die alte Dame mit ihrer eloquenten Art und Weise das aktuelle Weltgeschehen kommentierte.

Ihre umfangreiche Allgemeinbildung wurde im regen Austausch offensichtlich, wobei die Queen ihren Hunger scheinbar vergessen hatte. Die Bedienung kehrte bereits mit den Getränken für unsere Tischdame zurück und fragte noch während des Einschenkens nach ihren Essenswünschen. Erschrocken und entschuldigend legte sie die Hand auf die Brust und äußerte beschämt: „Oh, das habe ich vergessen – was wähle ich denn gleich." Hektisch überflog sie die Speisekarte. Die Bedienung wartete geduldig und respektvoll neben der alten Dame.

„Hm – nur keine Nudeln, Nudeln schmecken einfach nur grässlich!", betonte die alte Dame und sah dabei angewidert in die Runde.

„Wir haben ja noch viele andere Köstlichkeiten auf unserer Karte", erklärte die Servicekraft ruhig. Die Queen blickte zu ihr auf, wandte sich dann aber mir zu und erklärte zur allgemeinen Verblüffung: „Ich nehme das, was die Dame neben mir hat, das sieht doch köstlich aus!" Sie beugte sich ein wenig zu mir herüber. „Ja, das nehme ich", bestätigte sie ihre Bestellung und sah wieder zur Bedienung auf.

„Sehr gern!", schmunzelte diese und wollte schon geschäftig abrauschen.

„Ach ja – einen Moment noch, bitte." Die junge Frau hielt inne.

„Ich hätte zum Essen gern einen trockenen, so einen richtig guten, aber eben trocknen Tropfen Rotwein."

„Aber gern doch", antwortete die junge Frau im Gehen. Die Queen war eine weit gereiste Dame, die sich nun ihr Leben in München eingerichtet hatte und sich durch anregende Gespräche den Kontakt zur Welt offen hielt.

Nach kurzer Zeit wurde auch ihr Essen serviert und aus der kleinen Karaffe kredenzte die Bedienung den Wein. Die Queen bedankte sich überaus höflich und galant für den guten Service und die prompte Bedienung. Wir waren nun gespannt wie ihr die „grässlichen" Nudeln wohl schmecken würden. Doch sie wahrte die Kontenance, ergriff mit ihren Fingerspitzen bei abgespreizten kleinen Finger den Stiel ihres Glases, erhob es und verkündete munter: „Zum Wohl!" Dabei nahm sie zu jedem Blickkontakt auf, ganz, wie es die Etikette verlangte und wir erwiderten gern ihren Zuspruch. Doch nach einem kleinen Schluck aus ihrem Glas schimpfte sie mehr amüsiert als ärgerlich:

„Nein!", und prustete angewidert los: „Nein, der ist ja so was von trocken! Den kann man ja so nicht trinken." Sie schüttelte sich wenig königlich.

„Fräulein", rief sie und winkte die Bedienung herbei. „Fräulein, bitte bringen Sie mir doch Zucker – Würfelzucker hätte ich gern."

Wir staunten nicht schlecht und fragten uns im Stillen, ob sie die Nudeln süßen oder den Rotwein lieblich machen wollte. Die Bedienung kehrte eilenden Schrittes zurück und reichte ihr mit einem Lächeln eine kleine Schale mit einer Pyramide aus Würfelzucker. Mit einem „Danke, sehr freundlich von Ihnen", zog die Queen die Schale näher zu sich heran, ergriff mit dem Pinzettengriff von Daumen und Zeigefinger sowie abstehenden kleinen Finger ein Stück Würfelzucker und ließ es in das Glas Rotwein plumpsen.

„Der ist so trocken, dass man ihn ohne Zucker nicht genießen kann", erklärte sie und blickte in die Runde.

Wir verkniffen uns selbstverständlich ein Lachen, wobei mir ein knappes, ungläubiges „Aha" als Äußerung des Verstehens oder eben des Unverstehens herausrutschte. Die Queen nahm es gelassen, nippte erneut an ihrem Wein, verzog wiederum ihr Gesicht und konstatierte auf ihre vornehme Art nochmals: „Nein, der ist ja immer noch trocken, da muss noch mehr Zucker rein!" Unser Erstaunen wuchs mit der Anzahl von Würfelzuckerstückchen, denn noch weitere fünf versanken in ihrem Rotwein. Die Würfel aber wollten und konnten sich natürlich nicht so gleich auflösen. Ungeduldig ergriff die Queen nun ganz unköniglich ihre Gabel, tauchte sie in ihr edles Getränk und rührte ganz ungeniert in ihrem Glas herum. Die hohe Kunst der Konversation nahm sie dabei wieder auf.

Nach einer ganzen Weile legte sie ihren „Löffel" auf ihrem Tellerrand ab, erfasste den Stil des Glases wiederum mit den Fingerspitzen und rief: „Prost!" Sie schaute dabei fröhlich in die Runde und führte ihr Glas ohne Umschweife zum Munde. Nach einem kräftigen Schluck hielt sie kurz inne, schloss die Augen, hielt den Atem an und schien in sich zu gehen, um dann beim Ausatmen mit einem lauten und langgezogenem „Aaahhh!" den hohen Genuss zu bestätigen.

Sie stellte ihr Glas ab, lehnte sich zurück, strahlte über das ganze Gesicht, sah von einem zum anderen, ergriff erneut ihr Glas und prostete uns noch einmal beschwingt zu.

„So kann man wenigsten den trockenen Rotwein und das Leben in so netter Gesellschaft in vollen Zügen genießen." Dann griff sie entschlossen zur Gabel, aber um dieses Mal damit ihre Nudeln, die sie eigentlich nicht mochte, aufzuspießen. Wir wünschten ihr einen guten Appetit und verspeisten in fröhlicher Runde unsere Nudeln. In einem innigen Gefühl des gegenseitigen Verstehens, verbunden mit Sympathie und Respekt voreinander, genossen wir unsere kleine kulinarische Gemeinschaft auf Zeit in einem Restaurant in München.

Nächte mit Lyrik

Wenn Elefanten reisen …

Zwei Elefanten gingen ohne Hetz
ganz gemütlich durch ein Spinnennetz.
Wollten sich die große, weite Welt anseh'n
und gemeinsam nach Chicago geh'n.

Sehr bald nahmen sie die Reise auf
und das Schicksal nahm so seinen Lauf.
Sie setzten langsam Fuß vor Fuß,
weil ein Elefant kein Omnibus.

Sie kamen auch nach Hamburg-Altona
und setzten sich in eine Stripteasebar.
Bestellten Whisky und 'ne leichte Dame
und sanken gleich darauf in ihre Arme.

Schnell wurde ihnen dabei klar,
dass dies das wahre Leben war.
Daraufhin verzichteten sie weise
auf den Rest der Reise.

Dieses Gedicht erschien auch in: Charlotte Prang (Hg.): Schneewittchen darf nicht sterben. Mr. Parkinson und der Aufstand der Zwerge, Paderborn 2016.

Elefanten
Inge Thöne

Mein Leben

Mein Leben ist ein Spiel, und ich verliere.
Mein Leben ist ein Licht, doch es verlischt.
Mein Leben ist eine Tür, aber sie ist verschlossen.
Mein Leben ist ein Feuer, aber es wird gelöscht.
Mein Leben ist ein Loch, und ich falle hinein.
Mein Leben ist ein Sturm, doch es ist windstill.
Mein Leben ist ein Kampf, und ich hab ihn verloren.
Mein Leben ist von Dauer, doch ich bin gestorben.

Aber trotzdem...
... ist mein Spiel gewonnen.
... ist das Licht nicht erloschen.
... ist die Tür nicht verschlossen
... ist das Feuer nicht gelöscht.
... ist das Loch nicht verschlossen.
... ist der Sturm nicht vorüber.
... ist der Kampf nicht verloren.
... ist es mein Leben geblieben, bin nicht gestorben.

Und tot bin ich trotzdem!

Der Engel

Ein Engel ist zu mir gekommen,
sang für mich, sprach für mich.
Erklärte mir, wie's Leben ist.
Ich sagte: „Nein, so ist es nicht!"
Doch der Engel hörte nicht.
Er sprach von Gott, von Liebe, Leben und dem Tod.
Er sprach von Freude, Freunden und Vertrauen.
Ich sagte: „Nein, du weißt ja nichts!
Kennst das wirkliche Leben nicht."
Er sagte: „Doch! Ich muss es wissen."
Ich fragte kurz: „Woher?"
Er log: „Ich war schon dort!"
Ich log: „War auch schon mal im Himmel.
Da ist es schön, weich und warm."
Er sprach: „Okay. Das war nicht ganz die Wahrheit."
Ich fragte: „Wie ist es dann?"
Er sagte: „Ich hab's doch nur gehört – von Engeln,
die war'n schon einmal dort."
Ich fragte. „Soll ich dir erzählen,
wie das Leben wirklich ist?
Dann willst du nichts mehr hören!"

Ein eiskalter Mann

Überwiegend in der kalten Jahreszeit
sieht man ihn rumstehen – dick und breit.
Er kann von unterschiedlicher Größe sein,
und blickt würdig in die Welt hinein.

Er ist sich seiner Wirkung wohl bewusst
und trägt dies mit Fassung, aber auch mit Genuss.
Überaus kleidsam ist sein edler, weißer Mantel
Und im Arm trägt er nicht etwa eine Hantel!

Nein, einen Besen – allerdings wenig dekorativ.
Er hat eine rote Nase, die niemals schnieft.
Seine rabenschwarzen Augen, die blitzen.
Und sein roter Schal muss klassisch sitzen.

Auf dem wohlgeformten, markanten Kopf,
trägt er mit Würde einen alten Topf.
So steht er da, der weiße Mann, und lacht.
Und ist unheimlich stolz auf seine Pracht.

Ein jeder staunt und denkt: Was für ein Mann!
Doch was ist an dem Männliches dran?
Nun, er ist freundlich, doch kalt und ohne Herz,
Er kennt weder die Liebe noch den Schmerz.

Er hält sich immer vornehm zurück
und bewegt sich niemals ein winziges Stück.
Wird's plötzlich brenzlig, dann geht er flitzen,
denn er hält nichts vom richtigen Schwitzen.

War er einst mutig und zu allem bereit,
verliert er schnell seine Stattlichkeit.
Mutiert flugs zur armseligen Memme
und wird zusehends schlapp und dünne.

Wo bleibt nur seine Standhaftigkeit?
Hm – nichts ist eben für die Ewigkeit!
So kann es sein mit einem Mann,
denn manchmal ist nur Fassade dran.

Nichts hält er, was er verspricht
und wer ist schon auf so was erpicht?
Doch auch er hatte einen wundervollen Traum,
konnte er doch nur nach Mädchen schau'n.

Lange blickte er verzückt in die Ferne
Ach, als Mann hätte er doch auch so gerne
'ne hübsche Frau an seiner Seite, wohl proportioniert.
Dieser Mann hat eines schnell kapiert:

Sein Lebensglück ist erst dann perfekt,
wenn eine schöne Frau neben ihm steckt.
Mit der passenden Frau, das ist doch klar,
wäre das Leben bestimmt wunderbar.

Also schnell noch zwei Kugeln dran
und schon ist er glücklich, der Mann.
Doch so viel Glück in einem kurzen Leben,
ist nur wenigen weißen Männern gegeben,

denn meist bleibt so ein Schneemann allein –
wer will schon die Frau eines eisigen Mannes sein?

Nächte wie im Märchen

Der Märchenprinz

„Ach, wäre ich doch noch einmal so jung und schön wie damals", seufzte Josefine und besah sich kritisch im Spiegel beim morgendlichen Ritual im Badezimmer. In ihrem Gesicht zeigten sich tiefe Falten, die dunklen Augen brachen sich von der Last des Lebens, der Mund war geformt von schmalen zusammengekniffenen Lippen, das wüste graue Haar umspielte ihr Gesicht.

Doch was war das?

Der Spiegel blitzte und blinkte plötzlich, als würden tausend Sterne von Wunderkerzen ihn erleuchten. Ganz allmählich erschien im Spiegelbild das wunderschöne Gesicht einer Frau.

„Du warst in deinem Leben immer eine rechtschaffene, fleißige und ehrliche Frau. So sollst du am Ende noch eine Belohnung erhalten", sprach ihre sanfte Stimme aus der Ferne, die zu dem ebenmäßigen Gesicht im Spiegel passte. „Dein Prinz hat sich einst davongestohlen und ist wieder zum Frosch geworden. So will ich dir heute sogar drei Wünsche erfüllen!"

„Drei Wünsche?", fragte Josefine zweifelnd nach, denn sie glaubte zu träumen.

„Ja, drei Wünsche", bestätigte die Fee, „und überlege gut, denn ich bin nur für die Erfüllung zuständig. Ich kann deine Wünsche nicht rückgängig machen!"

Josefine überlegte nur kurz, lächelte und sprach: „Ich wäre gern reich, sehr reich!"

Kaum hatte sie es ausgesprochen, als sich ihr Badezimmer in pures Gold verwandelte. Sie staunte fassungslos, strich ungläubig mit der Hand über den Rand des Waschbeckens und konnte ihr Glück kaum fassen.

„Danke", flüsterte sie erhaben.

„Das ist doch das Mindeste, was ich für dich tun kann", antwortete die Fee. „Und dein zweiter Wunsch lautet?"
„Lass mich überlegen", sprach sie nachdenklich. Sie sah an sich herunter. So, wie sie dastand in ihrem alten langen Nachthemd mit dicken Socken gegen die kalten Füße, war sie nicht gerade eine Augenweide.
„Ich, ich...", zögerte Josefine.
Die Fee wartete geduldig ab.
„Ich wäre gern wieder so jung und schön wie damals!"
Und im nächsten Moment stand sie auch schon da, in gleißendem Licht und erstrahlte in all ihrer Jugend und Schönheit wie damals vor sechzig Jahren. Sie drehte sich glücklich nach allen Seiten, nahm ihre Schultern zurück, richtete sich auf aus der leicht gebeugten Haltung und gewann zunehmend ihre Lebendigkeit zurück.
Langsam begann sie, sich zu bewegen, fing regelrecht an zu schweben, in all ihrer Anmut der wiedergewonnenen Jugend. Sie konnte sich nicht sattsehen an ihrer unglaublichen Schönheit. Es war wie im Märchen.
„Wenn alles wie im Märchen durch eine gute Fee in Erfüllung geht, könnte doch auch der dritte Wunsch wahr werden", überlegte Josefine und zögerte wieder.
„Und dein dritter Wunsch?", fragte die Fee auch schon nach.
„Ich hätte gern einen jungen wunderschönen Prinzen mit wohlgeformten Körper und ebenmäßigen Zügen an meiner Seite!", schwärmte sie mit geschlossenen Augen.
Die gute Fee sah sie lächelnd an und gratulierte ihr: „Herzlichen Glückwunsch, du hast wohl überlegt gewählt. So soll es denn sein. Doch man sollte im Leben nie den gleichen Fehler zweimal machen!"
Damit verblasste das Gesicht der guten Fee allmählich. Josefine starrte ihr ungläubig nach, wischte mit der Hand

über den Spiegel, ein Zittern lief durch ihren Körper und im nächsten Moment setzte sie sich ruckartig auf. Sie blickte sich um. Doch die Fee war verschwunden. Josefine rieb sich verschlafen die Augen und starrte bestürzt durch die geöffnete Tür ins Schlafzimmer. Da lag ihr einstiger Prinz im Bett: unrasiert, mit weit geöffnetem Mund, zahnlos und leicht schnarchend.

Enttäuscht ließ sie sich auf den Badewannenrand sinken und dachte: *Hätte es nicht einmal wie im Märchen sein können ...?*

Eine unendliche Liebe

Es war einmal ein junger vornehmer Herr von adligem Stand, der stolzierte stets erhobenen Hauptes und in einem edlen weißen Frack in seinem Reich umher. Er hätte eigentlich zufrieden sein müssen mit seinem Leben in Leichtigkeit und Luxus, ja, in paradiesischen Verhältnissen. Doch er war sehr unglücklich, denn er hatte sich unsterblich in ein junges, liebreizendes Fräulein verliebt. Er warb mit allen ihm zur Verfügung stehenden Mitteln um Fräulein Giselas Gunst, doch sie lehnte seine drängenden Liebesbeteuerungen stets hochmütig und voller Verachtung ab. So kam es immer wieder zu dramatischen Begegnungen mit seiner Angebeteten, in denen er mit all seiner Macht und Herrlichkeit seine Zuneigung unter Beweis stellte, um ihre Liebe zu erzwingen. Leider flüchtete sie stets vor ihm.

Doch er konnte von seiner „Prinzessin" wie er sie liebevoll nannte, einfach nicht lassen. Er liebte sie nun einmal von ganzem Herzen und mit all seinen Gedanken. Die meisten Bewohner hatten sich im Verlauf des Jahres an „Sir Martin", wie er manchmal wegen seiner snobistischen Art und Weise weniger respektvoll genannt wurde, und seine Attacken gewöhnt bzw. man hatte sich arrangiert. Und so schien die Welt in Ordnung und das höfische Leben verlief für alle Bewohner in ruhigen, gleichmäßigen Bahnen. Ab und zu jedoch geriet das Leben durch die massiven Aussetzer von Liebeswahn des Sir Martin gehörig aus den Fugen.

Sir Martin war hartnäckig und gab nicht auf, sondern nutzte bei jeder Gelegenheit seine Chance. Und so lauerte er hinter versteckten Ecken auf sie, tauchte unvermutet hinter den Büschen auf, wartete an der Hausecke auf sie oder hockte bereits in der Remise, um sie abzufangen. Sie war nirgends vor seinen Nachstellungen sicher.

Und so nahm das Geschehen bei einer sich bietenden Gelegenheit wieder einmal seinen Lauf: Er erblickte hoch erfreut seine Angebetete im Kreise weiterer junger Damen unbekümmert spielend auf der grünen Flur seines Reiches. Allein ihr Anblick brachte ihn von einem Moment zum anderen geradezu um seinen Verstand, und so schoss er aus dem Stand heraus laut krakeelend direkt auf sie zu. Nach einer Sekunde des Schreckens drehte sie sich abrupt um und ergriff mit einem schrillen Schrei die Flucht. Sir Martin aber gab nicht einfach auf, sondern jagte unbarmherzig hinter ihr her. Die Füße berührten im Lauf kaum den Boden, und der weit vorgereckte Kopf mit den hervorquellenden Augen schien sich fast vom langen Hals zu lösen. Er blieb ihr dicht auf den Fersen und verfolgte sie quer durch den Innenhof des weiträumigen Gehöftes. Doch er musste erkennen, dass er wieder einmal vergebens gekämpft hatte. In letzter Sekunde erkannte er die Ausweglosigkeit seines Unterfangens. Mit vorgestreckten Beinen, in den Boden gestemmten Hacken und nach hinten aufgerichtetem Körper konnte er einen unsanften Aufprall gerade noch verhindern. Geschickt kratzte er im Bremsvorgang die Kurve, um sein eigenes Leben zu retten, denn sonst wäre er wahrscheinlich gegen die Haustür geklatscht. Fräulein Gisela indes verschwand hinter der massigen Tür des schützenden Herrenhauses und landete sicher in den Armen ihrer Frau Mutter.

Dieses Schauspiel wiederholte sich in unterschiedlichen Abständen an wechselnden Orten seines Territoriums. Sobald Sir Martin also irgendwo seine Auserwählte erblickte, plusterte er sich mächtig auf, rückte energisch seine Fliege zurecht, nahm Anlauf, stürzte auf sie zu und versuchte, sie für sich zu gewinnen. Nach so einer lautstarken Demonstration seines männlichen Imponiergehabes ordnete er sein Gewand und kehrte reumütig zu seinem Harem zurück, der ihn unter lautem und bewunderndem Jubelgebaren immer wieder bei sich aufnahm. Er fühlte sich sofort wieder als Hahn im Korbe.

Und es kam, wie es kommen musste. An einem denkwürdigen Tage Anfang November geriet die Ordnung völlig aus den Fugen. An diesem Tage erlaubte Sir Martin sich nämlich einen besonders perfiden Übergriff auf seine große Liebe. Diese vergnügte sich gerade mit ihren Geschwistern bei Spielen im nahen Wassergraben, der den Palast umgab. Sie ließen sich von den letzten Stahlen der herbstlichen Sonne erwärmen, und ihr fröhliches Gelächter schallte weit durch das friedliche Land. Die Bewohner des Reiches gingen ihren täglichen Verpflichtungen nach, und es lag eine herbstliche Ruhe über dem Geschehen. Doch Sir Martin erkannte gerade darin seine Chance. Eigentlich war er – wie all seine Artgenossen – ein miserabler Flieger, doch heute gab er sein Bestes. Er nahm einen langen, dynamischen Anlauf, breitete seine beachtlichen Handschwingen aus, schlug kräftig mit ihnen auf und nieder, überwand ohne große Mühen die Böschung und setzte zur Landung auf Fräulein Giselas rechter Schulter an. Zischende Laute drangen an ihr Ohr, und dann kniff er sie auch noch wenig liebevoll in die rechte Wange. Ihr panisches Gekreische, durch den schmerzhaften Kuss noch verstärkt, durchbrach jäh die Stille des Landes und erschütterte den Frieden. Fräulein Gisela schlug mit ihren Armen um sich, verlor das Gleichgewicht, stolperte und landete schließlich im eiskalten Wasser. Sie rappelte sich sofort wieder auf, versuchte, erneut zu entkommen, schrie weiter um ihr Leben, doch hatte gegen ihren kräftigen Verehrer keine Chance. Mit blankem Entsetzen starrten die Geschwister auf das flatternde Ungetüm, das wie ein Phönix aus dem Nichts aufgetaucht war und nun flügelschlagend auf der Schulter ihrer kleinen Schwester balancierte. Sir Martin ließ nicht von ihr ab. Doch Hilfe nahte bereits aus allen Winkeln des Reiches. Bewaffnet mit Stöcken, Besen und Heugabeln stürmten sie los, um Fräulein Gisela zu retten. Mit riesigen Schritten nahte auch die Mutter seiner jungen Verehrerin, stürzte sich in das Geschehen, wuchs über sich hinaus, packte den flügelschlagenden Unhold entschlossen an seinen Schwingen, schleppte ihn die Böschung hinauf, zerrte ihn über den Hof und verbannte ihn ohne einen Funken Gnade und unter derben Flüchen im hohen Bogen in sein eigenes Domizil. Sofort knallte sie die Tür hinter ihm zu. Schwer atmend lehnte sie sich an und schwor mit erhobener Hand: „Das war dein letzter Streich! Dieses Mal bist du zu weit gegangen, mein Lieber! Du wirst schon sehen, was du davon hast!"

Und so endete an einem nebligen Morgen des folgenden Tages im Herbst dieses denkwürdigen Jahres Sir Martins Leben auf unspektakuläre Weise, ohne Gnade und unter Ausschluss der Öffentlichkeit unter dem Fallbeil des erfahrenen Henkers des Reiches. Dank der fachgerechten Nachbehandlung dieses Ereignisses wieder aufgewertet, begleitet mit rührseligen Worten und einer herzhaften Füllung im Bauch schmurgelte er unter strenger Aufsicht der Großköchin in der dunklen Röhre des alten Backofens. Es zog ein betörender Duft durch das weiträumige Herrenhaus. Und, was keiner ahnte: Damit verflüchtige sich auch die tiefe unerfüllte Liebe eines jungen Herrn zu einem vornehmen Fräulein. Zurück blieb jedoch ein kulinarischer Höhepunkt mit Rotkohl und Knödel zum Martinsfest.

Ein paar Tage später überreichte die Mutter ihrer Tochter einige wunderschöne schneeweiße Schwanzfedern und ein goldenes Haarband.

„Hier, daraus kannst du dir eine wunderschöne Krone arbeiten", lächelte sie verschmitzt und half ihrer Tochter beim Einarbeiten der Federn in das Band, das sie noch mit einigen Perlen veredelte. Sanft strich das Fräulein Gisela über die wunderschönen Federn, setzte die Krone auf ihr Haupt und stolzierte wie eine Prinzessin durch den Tag. Ihr einstiger Verehrer wäre unter diesen zarten Berührungen und bei so viel Ehre wahrscheinlich einfach dahingeschmolzen.

Und des Abends, wenn die Prinzessin ihre Krone abstreifte und dann ihr müdes Haupt auf ihrem mit edlen weichen Gänsedaunen gefüllten Kissen niederlegte, ahnte sie nicht, wie nahe sie im Schlafe ihrem unwiederbringlichen Verehrer kam. Und wenn Sir Martin zu seinen Lebzeiten geahnt hätte, wie dicht er von nun an jede Nacht bei seiner Angebeteten sein würde, wäre ihm wohlig warm um sein verliebtes Herz gewesen. Oder wäre er dann vielleicht schon früher freiwillig aus dem Leben geschieden? Die Liebe geht manchmal seltsame Wege. Und wenn er auch gestorben ist, so hat „seine Prinzessin" ihren Prinzen später doch noch gefunden, lebt noch heute zufrieden und vergnügt und schmiegt sich jede Nacht an ihren einstigen Verehrer.

Hochzeitsfahrt im Regen

Das Brautpaar strahlte, fröhlich half der befrackte Bräutigam seiner Liebsten in die Kutsche und legte ihr fürsorglich eine leichte Decke um die nackten Schultern. Unter heiterem Hallo, lautem Beifall und vielen guten Wünschen begleiteten einige Zuschauer, Gäste, Anverwandte und auch Neugierige das Schauspiel. Der gepflegte Landauer war zu diesem Anlass herausgeputzt mit Girlanden aus frischem Grün und edlen weißen Rosen. Die beiden Oldenburger Rappen als Gespann hatte der Kutscher sorgfältig gestriegelt, sodass ihr Fell glänzte und die Mähnen seidig herunterhingen. Auch das Geschirr war dem Anlass entsprechend geschmückt. Durch die Fahrt im offenen Wagen bekam das Brautpaar bis zur Kirche viel Aufmerksamkeit und so manche aufmunternde wie ironische Bemerkung mit auf den Weg ins gemeinsame Leben.

Der Kutscher fuhr in einem großen Bogen vor das imposante Kirchenportal und ließ die beiden Hochzeiter unter freudigem Beifall aussteigen. Während der Trauung blieb er bei seinem Gespann, ging an der Kutsche auf und ab, tätschelte ab und zu die Hälse der Pferde und steckte ihnen Möhren zu. Seinen Blick richtete er dabei immer wieder besorgniserregend gen Himmel. Schließlich runzelte er die Stirn und brummte ärgerlich: „Dann werde ich doch mal das Verdeck hochziehen, denn die Wolken sehen gewaltig nach Regen aus!"

Missmutig machte sich der Kutscher in seiner eleganten Kutschkleidung an die Arbeit; seinen störenden Zylinder legte er zunächst auf dem Kutschbock ab.

Schon während er sich noch mit dem Verdeck abmühte, fielen die ersten Tropfen vom wolkenverhangenen Himmel.

„So ein Mist!", murmelte der Kutscher leise vor sich hin und beeilte sich, denn die Zeremonie müsste bald vorüber sein. Er hatte laut Etikette und für ein perfektes Bild seinen Platz innezuhalten, denn in jedem Moment könnte das Brautpaar die Kirche verlassen. Also kletterte er wieder auf seinen Kutschbock und verharrte geduldig im Regen.

Der Niederschlag nahm stetig zu, es regnete schließlich Bindfäden. Der Himmel schien sämtliche Eimer über ihm zu verschütten. Das Wasser rann vom Rand des Zylinders in den Nacken, an den Hosenbeinen lief es direkt in die Lederstiefel, aus den weißen Handschuhen triefte ebenfalls der Regen. Der Kutscher war im wahrsten Sinne zu einem Wassermann geworden.

Geduldig harrte der Kutscher auf seinem Bock aus. Denn er hatte auszuhalten, egal, was passieren würde, so die Order seines gestrengen Chefs. Die Leute hingegen suchten im Eingang der Kirche Schutz oder spannten ihre Schirme auf und hasteten davon. Ein junger Zeitgenosse in einem langen schützenden Regenmantel blieb abrupt neben dem Gespann stehen, stemmte die Hände in die Hüften, blickte herausfordernd zu dem Kutscher hinauf und rief ihm laut lachend zu: „Hey Kutscher, fahr lieber rechtzeitig nach Hause, es soll heute noch regnen!"

Der Kutscher sah den Spötter verdutzt an, sein Körper spannte sich automatisch, er fühlte sich auf das Übelste verunglimpft. Langsam erhob er sich von seinem Bock, seine Rechte umspannte die Peitsche, er schien zum Hieb gegen den Witzbold anzusetzen – doch im nächsten Moment hielt er inne, holte erneut aus und ließ die Peitsche pfeifend über dem Kopf des jungen Mannes kreisen und dann laut knallen. Der Witzbold zuckte erschrocken zusammen und suchte eilends das Weite. Der Kutscher fand seine Bemerkung offensichtlich nicht so erheiternd wie er.

Im Weglaufen hörte er den Kutscher noch raunen: „Danke für die Information. Ich hätte es sonst gar nicht bemerkt!"

In diesem Augenblick öffnete sich das Kirchenportal, das Brautpaar trat lachend heraus, blickte in die triefenden Wolken einerseits und in die strahlende Sonne dahinter. Sie küssten sich spontan und legten damit das Motto für ihr gemeinsames Leben fest: „Nach Regen kommt Sonne …!"

Die Frau der Ringe

Sie steht vor mir, dreht ihren rechten Fuß hin und her, starrt mich dabei an und zwirbelt mit ihrem Zeigefinger gedankenversunken eine Strähne ihres Haares. Sie starrt auf meine Finger. Unentwegt.

„Du hast aber viele Ringe", nimmt sie schließlich Kontakt zu mir auf. „Warum trägst du an jedem Finger einen?" Sie tastet behutsam mit ihren zarten Händen jeden einzelnen Ring ab.

„Weil ich gerne Ringe trage. Ich mag es, meine Finger zu schmücken."

Wir nehmen uns eine vertrauenssuchende Pause, schätzen uns ab. Bilder der Vergangenheit schießen mir durch den Kopf. Wird sie die ehrliche Antwort zur Symbolik verstehen?

„Weißt du, in erster Linie aber sind es die Erinnerungen, die ich mit jedem Ring verknüpfe."

„Erinnerungen?", wiederholt sie gedehnt und sieht mich skeptisch an.

„Ja, es sind die Erinnerungen – mit jedem Ring verbinde ich eine ganz persönliche Geschichte, ein Ereignis. Eine Geschichte, die meinem Leben eine besondere Bedeutung zuschreibt."

„Die du nicht vergessen willst; und der Ring erinnert dich daran?", überlegt das kleine Mädchen vor mir. Es scheint auf eine Erklärung zu warten.

„Diesen Ring hier habe ich mir nach der Geburt meiner ersten Tochter gekauft. Ich hatte mir geschworen, dass ich ihr aus Dankbarkeit einen Ring widmen werde. Sie wird einmal in die Welt hinausgehen und ihr eigenes Leben meistern, doch die Erinnerungen bleiben in meinem Paradies."

„Nein, an deinem Finger!", stellt das Mädchen sachlich klar, und ihre Zahnlücken werden sichtbar. „Aber das klingt gut. – Hast du noch ein Kind?", fragt es neugierig.

„Ja, dieser Ring ist für meine zweite Tochter, die beinahe gestorben wäre, aber dann doch gesund auf die Welt kam. Dafür war und bin ich unendlich dankbar. Beide Töchter machen mir sehr viel Freude, ich habe sie sehr gern und ich bin glücklich, dass es sie gibt."

„Und der da?", nimmt das Mädchen ihren Gedankenfluss wieder auf.

„Dieser Ring war der Ehering meines Mannes."

„Braucht der den nicht mehr?"

„Richtig, mein Mann ist gestorben."

„Der ist tot? Das ist traurig", stellt die Kleine fest. „Dann ist der auch eine Erinnerung im Paradies."

„Ja, eine Erinnerung an viele Jahre verheiratet sein. Dazu gab es viele schöne und auch manchmal weniger schöne Erinnerungen."

„Der Ring von meiner Mama sieht aber anders aus. Und verheiratet sein ist bei meinen Eltern auch manchmal schwer. Sie streiten dann und vertragen sich wieder."

„So ist das manchmal."

Sie sieht mich fragend an. „Und wo ist dein Ehering?", erkundigt sie sich. Sie betrachtet eingehend meine Hände und zeigt fragend auf meinen Ringfinger der rechten Hand.

„Ein bisschen kann man es noch sehen", stellt sie fest.

„Nun, ich habe beide Ringe von einem Juwelier umarbeiten lassen, deshalb ähneln sie nicht mehr so sehr einem Ehering."

„Ach so!", versteht das Mädchen, dreht sich um, und mit einem abschließenden „Hübsch" hoppst es davon, als seine Mutter es ruft.

Ich blicke dem Mädchen noch einige Zeit nachdenklich hinterher. Sie traute sich, mich auf etwas sehr Persönliches anzusprechen. Sie spürte offenbar die tiefe Verbundenheit. Viele Menschen starren schweigend auf meine Finger, lassen später unterschiedliche Bemerkungen und Bewertungen über mich und die Ringe fallen und manch ein Zeitgenosse liefert ungefragt mehr oder weniger geistreiche oder sogar tiefenpsychologische Begründungen.

Eine Bekannte betrachtet immer wieder durchdringend kritisch meine Hände, liefert lapidare Bemerkungen und provoziert mit Äußerungen. Im Supermarkt spricht mich ein Mann an, ob ich seine Ringe zu Reklamezwecken tragen würde. Ich kläre ihn auf und lehne freundlich ab.

Doch eines Tages spricht mich ein Freund sehr liebevoll auf meine Ringe an: „Warum trägst du so viele Ringe an deinen Fingern, du Frau der Ringe?"

„Jeder Ring erzählt ein Stück Lebensgeschichte, ist gebunden an ein Lebensereignis. Ich trage meine Biografie an den Fingern."

Mein Gegenüber lächelt verständnisvoll und schweigt respektvoll.

Die zufällige Begegnung mit einem kleinen Mädchen und die Frage eines Freundes geben den Anstoß für eine Ringbiografie.

Ich habe vor Jahren den Krebs überwunden und aus Dankbarkeit einen Ring an meinen Finger gesteckt. Einen weiteren Ring widmete ich einem besonders lieben Menschen, dem ich viele schöne Momente in einer besonders dunklen Zeit meines Lebens verdanke. Ein anderer Ring rettete mir mein Leben in einer Phase tiefer Verzweiflung. Ein neidischer Mitmensch, vormals hochgeschätzt, verletzte meine Seele so abgrundtief, quälte mich lange Zeit nach allen Regeln der Kunst, sodass keine Kraft mehr zum Leben blieb. Doch er war den Tod nicht wert, und außerdem lebe ich gern, das Leben ist zu kurz und zu wertvoll. Der Ring erinnert mich an meine Grenzen, die keiner mehr überschreiten darf, aber auch an meine Stärken, mit denen ich mich schützen kann.

Noch einen Ring bekam ich von einem hochgeschätzten Menschen, der mich vorbehaltlos respektierte und mich in guten wie in schwierigen Zeiten geduldig begleitete und mir zu einem neuen Selbstbewusstsein verhalf. Dieser Ring symbolisiert gleichzeitig die tiefe Verbundenheit mit vielen wertvollen Menschen, die mich bereits in langjährigen tiefen Freundschaften durch das Leben begleiten. Er mahnt die Dankbarkeit an, die als unabdingbares Bindeglied mitmenschlichen Lebens nie vergessen werden darf.

Eine persönliche Stadtgeschichte

„Dat ene sek ik di, mit die Paddaboana wirste de nie nich warm!", so verabschiedete mich ein einfühlsamer Zeitgenosse an meinem letzten Arbeitstag in Hamburg. Mit dieser Äußerung im Gepäck machte ich mich auf in die Stadt, die nur wenige kannten und die auf der Landkarte nur schwer zu finden war. Vereinzelnd wurde ich mit klugen Ratschlägen, umfassenden Informationen und knallharten Fakten über eine „rabenschwarze" Stadt konfrontiert, die bei mir ein mulmiges Gefühl, aber auch Neugierde auslösten.

So schlenderte ich ein paar Tage später gedankenverloren durch die Westernstraße. Es regnete nicht, und auch die Glocken der Kirchen schwiegen, ganz gegen jede Erwartung. Die Sonne eines Altweibersommertages wärmte mein wehes Gemüt. Ich betrachtete die Menschen eingehend – der Tratsch fiel auf fruchtbaren Boden. *Was soll der Quatsch,* brachte ich mich zur Räson, raffte mich auf und folgte dem weisen Rat einer alten Nonne: „Erkunde deine Stadt mit den Füßen, dann wirst du alles über sie erfahren und du lernst ihre Menschen kennen."

Mit dem Fremdenführer in der Hand saß ich nach einem ausgiebigen Stadtrundgang ermattet in einem Café über dem Paderquellgebiet und hörte ihre Worte: „Außerdem kannst du die abwechslungsreiche Historie mit der Zukunft verknüpfen, und in einem konstruktiven Dialog wird deine Aufmerksamkeit auf die Gegenwart gelenkt. In diesem Bewusstsein kann Neues wachsen. So wirst du heimisch – findest Freunde und weißt deine Heimat zu schätzen."

Mit vielen neuen Eindrücken nahm ich nach einigen Tagen bereits meine Arbeit in einer Kita auf. Ich freute mich auf die Kinder. Die sechsjährige Daniela ließ mich von Anfang an nicht aus den Augen, beobachtete mich aufmerksam und wich nicht mehr von meiner Seite. Sie begann zu erzählen, dabei schien sie sorgfältig ihre Worte zu wählen: „Wir waren gestern auf'e Oma, aber zuerst mussten wir nach Aldi – einkaufen."

Ich starrte sie entsetzt an. Sie plauderte jedoch arglos drauflos und mein Mitleid wuchs. *Arme Daniela, mit so einem katastrophalen Deutsch wird sie es schwer haben in der Schule.*

Sie hopste fröhlich neben mir her und quasselte unbekümmert weiter. Ein paar Tage später suchte ihre Mutter das Gespräch: „Unser Daniela hat sie in ihr Herz jeschlossen", erklärte sie mir in einem Gemisch aus Paddabörnsch und Hochdeutsch, doch die Worte waren Balsam auf meine Seele. Dieser kleine, gute Geist mit seiner Fürsorge und ich in meiner Besorgnis waren der Beginn einer einzigartigen Freundschaft. Daniela vermittelte mir feine Details über Paderborn und seine Bewohner, übersetzte mir aus dem Paddabörnschen und ich half ihr auf dem Weg in die Schule.

So hatte ich mich in Begleitung eines kleinen Mädchens mit Paderborn vertraut gemacht. Die Krankenhäusern hatte ich allerdings ausgespart, was sich bald rächen sollte. Die Sanitäter versorgten mich medizinisch wie psychisch und kanalisierten meine Aufregung: „Sie wohnen noch nicht lange in Paddaboan?"

„Ja."

„Wo kommen se denn wech", hörte ich wie durch Watte die Frage.

„Ach, 'ne Hamburger Deern", reagierte der junge Mann lachend und packte mich entschlossen auf die Trage.

„Legen wir se auf'e Brüder?"

„Auf'e Brüder?", wiederholte ich verständnislos und starrte in ein spitzbübisches Gesicht, während ich mich im Geiste schon auf irgendwelchen dicken Männern liegen sah. Nach einer kurzen Rückfrage bei „den Brüdern" sollte ich „auf'e Nonnen" liegen.

Wie man mich dort wohl betten würde?, fragte ich mich ein wenig besorgt.

„Is se evanchelisch?", prasselte die nächste Frage auf mich herab.

Das spricht der ja aus, als hätte ich die Pest, dachte ich und dämmerte davon.

„Auf'e Nonnen" wurde ich überaus freundlich begrüßt – zu meiner Verblüffung – von einer alten Ordensfrau. *Wieder eine Nonne, die mir in meiner Bedrängnis mit ihrer Ruhe und Kraft beistand,* dachte ich.

„Na, Meedchen", begrüßte sie mich und strich mir aufmunternd über den Kopf. Nachdem alle Erfordernisse erledigt waren, blieb sie für diesen Tag und während der nächsten Wochen der gute Geist an meiner Seite. Diese bemerkenswerte Paderborner Ordensfrau entließ mich mit Gottes Segen und den Worten: „Es sind immer die Begegnungen mit Menschen, die dem Leben einen Sinn geben." Den Inhalt ihrer Worte begriff ich erst viel später.

Nach fünf Monaten wurde eine Paderbornerin und fünf Jahre später ein weiteres „Paddaboana Meedchen" geboren.

„Sind diese beiden nun echte Paddabona?", fragte ich daraufhin ein Paderborner Urgestein.

„Man wird nie'n echt'n Paddaboana", machte er mir unmissverständlich klar.

Doch es waren gerade diese sturen, „schwarzen", verschlossenen, steifen „Echten", mit denen ich „warm" wurde, die mein Leben bereicherten, die mein Denken und Handeln beeinflussten, die mir tief verbunden sind und nicht „ösig" werden oder die „Krätze" kriegen, wenn ich wieder einmal „Paderborn" mit falscher Betonung ausspreche.

Und nun, Paddaboan, werden wir auch noch miteinander alt.

Mehr?

Charlotte Prang (Hg.) / Ein Projekt von Die 7 Zwerge e.V.

Schneewittchen darf nicht sterben. Mr. Parkinson und der Aufstand der Zwerge. Paderborner Geschichten,

Paderborn 2016

ISBN 978-3-943380-49-1

12,00€ (D)

Hermann Multhaupt

Von Mägden, Söldnern und Halunken. Geschichten aus dem Dreißigjährigen Krieg im Raum Höxter

Salzkotten 2016

ISBN 978-3-943380-50-7

13,50€ (D)

Hermann Multhaupt

„Ich bitte nicht um Glück auf Erden"

Mit der jugendlichen Freiin Annette von Droste-Hülshoff an der Weser

Höxter 2015/Salzkotten 2016

ISBN 978-3-943380-42-2

12,00€

Vorschau

Nelli Kleinkauf

mit Beiträgen von Charlotte Prang und Mareike Menne

Hauptsache: gesund.

Die Entscheidung für ein „nicht-gesundes" Kind in Zeiten der Pränataldiagnostik

Salzkotten 2017

ISBN 978-3-943380-09-5

9,90€